¿Y si te toca la lotería?

Manual para que no te pille de imprevisto ser millonario

Elio Delgado Domínguez

DEDICADO A MARA, IZAN Y ÁFRICA

La mejor lotería que me ha tocado en mi vida

Este manual va dirigido a los soñadores,
porque la gente que no tiene sueños, jamás jugará a la lotería.

ÍNDICE

Si este libro ha caído en tus manos, no ha sido por casualidad.

Créeme, las casualidades no existen.

INTRODUCCIÓN

Seguramente lo primero que te has preguntado al ver el título de este libro ha sido: ¿El autor habla por experiencia?

¿Le ha tocado la lotería?

Tienes toda la razón en plantearte la credibilidad de este manual en función de la respuesta a esa pregunta, pero como si de una novela de Agatha Christie se tratase, te dejaré con la intriga hasta el final, permitiéndote crear tus propias teorías a medida que avances en la lectura.

No hay que ser muy guapo o inteligente para que te toque la lotería, ni siquiera debes tener un buen curriculum.
No se te exige ser buena persona o haber hecho algún tipo de mérito para conseguirlo.
Nadie te pedirá tu declaración de la renta para comprobar si verdaderamente lo necesitas.
Da igual dónde hayas nacido, quienes son tus padres o incluso si tienes antecedentes penales.

Tampoco requiere un gran esfuerzo, solo hay que comprar el boleto y **tener muchísima suerte.**

Ahí reside parte del encanto de las loterías; **cualquiera puede convertirse en el agraciado acertante.**

Aunque todo el mundo conoce alguna historia sobre alguien a quien le tocó la lotería, estas cosas le suelen suceder **a la suegra del vecino del tercero de tu prima por parte de madre,** o lo que es lo mismo, gente lejana y desconocida, por lo que el rumor que llega hasta a ti, al igual que ocurre en el juego del teléfono averiado, si llega a tener cualquier parecido con la realidad es por pura coincidencia.

Por tanto, muy pocas veces existe la oportunidad de tener un testimonio de primera mano de alguien que haya vivido la experiencia de sentirse millonario de la noche a la mañana.

¿Qué sintió cuando vio que era el ganador?

¿Qué fue lo primero que hizo?

¿Cómo repartió el premio?

¿Cómo lo invirtió?

¿Qué impuestos tuvo que pagar?

¿Qué problemas tuvo?

¿Cómo le cambió su vida?

A priori, **todos los que juegan a cualquier tipo de lotería son millonarios en potencia,** y aunque la mayoría de la gente piense lo contrario y se vea sobradamente capacitada, cuidar de una gran fortuna no es nada fácil.

Si fuese sencillo ser millonario, no necesitaríamos jugar a la lotería para convertirnos en uno de ellos.

Todo el que participa en algún juego de azar, lo hace porque tiene la esperanza de que alguna vez le toque. Supongo que a nadie le gustaría desaprovechar esa oportunidad para ser más feliz.

Pero **no todo lo que brilla es oro** y detrás de los deslumbrantes premios millonarios, se esconde un panorama mucho más sombrío. Siete de cada diez ganadores de grandes premios en la lotería, transcurridos 5 años, **han perdido toda su fortuna** (obteniendo nuevas deudas mucho más cuantiosas que antes de ser millonarios).

Muchos han sufrido problemas familiares (divorcios, conflictos con hijos, hermanos, padres, etc.…), y existe un número importante de ganadores que han adquirido nuevas adicciones que antes no tenían (drogas, alcohol, ludopatía, sexo...). ¡Incluso hay algunos que han adquirido el pack completo de desgracias y lo han sufrido todo!

Es difícil entender como algo que en principio parece tan maravilloso, y que todo el mundo desea, pueda arruinar tantas vidas. Es lo que algunos han llamado como "**la maldición de la lotería**".

Yo no creo en maldiciones y supongo que tú tampoco.

Si estudiamos y analizamos caso por caso, veremos que hay muchos factores y patrones de comportamiento que se repiten y que influyen en tan desastroso resultado.

En este libro, se brinda la oportunidad de explorar el impacto psicológico, emocional y financiero de ganar la lotería, ofreciendo una visión sincera y realista de lo que significa enfrentarse a esta inesperada bendición.

Todo se aprende y como todo en la vida, la mejor forma de hacer las cosas correctamente es preparándonos para ello y esa es la función de este "manual", para que cuando te suceda algo tan extraordinario y maravilloso como es ganar la lotería…

¡No te pille de imprevisto!

1. CUESTIÓN DE PROBABILIDADES

No es mi intención desanimarte nada más empezar a leer, pero si tu esperanza para ser millonario es que te toque la lotería, **espera sentado**. Ante todo, hay que ser realistas y que te toque un premio gordo en la lotería es muy, pero que muy complicado. Es más fácil que mueras fulminado por un rayo, que caiga un meteorito sobre tu casa o que te ataque un tiburón sin haber pisado la playa. Es una cuestión de probabilidades:

- En la Primitiva es de **1 entre 139,8 millones.**

- En el Euromillones es de **1 entre 116,5 millones.**

- En el Gordo de la Primitiva es de **1 entre 31 millones.**

- En el cuponazo de la ONCE es de **1 entre 15 millones.**

- En la Bonoloto es de **1 entre 14 millones.**

- De que te ataque un tiburón es de **1 entre 8 millones.**

- En la Quiniela es de **1 entre 4,7 millones.**

- De que te caiga un rayo **1 entre 3 millones.**

- De que te caiga un meteorito es de **1 entre 1 millón.**

- En la Lotería de Navidad es de **1 entre 100.000.**

- En el sorteo diario de la ONCE **1 entre 100.000.**

Quizás estas cifras sobre el papel son demasiado abstractas y no entiendas el alcance de su dificultad, por eso te voy a poner más ejemplos de probabilidades para que lo puedas entender mejor:

-Tienes **1 posibilidad entre de 220** de publicar una novela y que se convierta en best-seller.

- Tienes **1 posibilidad entre 6.000** de atropellar un ciervo en pleno centro de Madrid.

- Tienes **1 posibilidad entre 12.000** de ganar un Oscar.

- Tienes **1 posibilidad entre 100.000** de sufrir hipo crónico para toda tu vida.

- Tienes **1 posibilidad entre 600.000** de ganar una medalla olímpica.

Como puedes comprobar, parece que cualquier suceso tiene más probabilidades de cumplirse que volverte millonario con la lotería.

Por tanto, podemos considerar que "invertir" dinero en lotería puede ser de las **peores inversiones** que existen, ya que a pesar de que la relación entre coste y posible beneficio es altísima, tenemos casi asegurado que **vamos a perder el capital arriesgado.**
Al tener unas probabilidades tan bajas de acierto, por muchas apuestas que hagamos, no vamos a conseguir tener el premio más cerca.
Aunque fueses capaz de apostar por todas las combinaciones posibles de cualquier juego, seguiría siendo un mal plan, ya que el precio de todas esas apuestas sería superior al premio al que aspiras. Incluso en el hipotético caso de que un gran bote pudiera superar el coste de todas las apuestas posibles, siempre tendrías el riesgo de que aparecieran varios acertantes y no te quedase más remedio que compartir el premio, convirtiendo tu inversión en un gran fracaso.

Para que podamos entender la dificultad que entraña acertar un gran premio, hagamos el siguiente ejercicio mental; en España hay alrededor de 31 millones de viviendas, que es el mismo número de probabilidades de que nos toque el Gordo de la Primitiva. Imaginemos que yo guardo una pelotita en una casa cualquiera de España y te pido que encuentres dicho objeto, pero con una condición; cada semana solo puedes llamar a una sola puerta y comprobar si está allí. Visualiza en Google Maps ciudades como Madrid, Barcelona, Sevilla o Valencia, y a eso súmale el resto de grandes ciudades, junto con todos los pueblos de España y te podrás hacer una idea de la inmensidad de posibilidades que significan. Pero si crees que encontrarla es casi imposible, además, debes tener en cuenta que haber llamado a una puerta no descarta que pueda estar ahí la semana siguiente. Casi imposible ¿verdad?

Pero incluso con la lotería de Navidad o la ONCE, que parece que son los sorteos con más probabilidades, elegir el número ganador sería como elegir una gota de aceite en una garrafa de 5 litros.

Por eso dicen que **la lotería es el impuesto para los que no saben matemáticas** o una **forma alegre de tributar.**

La palabra "afortunado" tiene todo el sentido en el acertante de lotería, ya que llevarte un gran premio va totalmente en contra de las probabilidades matemáticas. No eres un desgraciado porque nunca hayas ganado nada en juegos de azar. **Que no te toque nunca en tu vida la lotería es lo más probable**, al igual que lo previsible será que nunca te ataque un tiburón, te fulmine un rayo, te caiga un meteorito o te entre un ataque de hipo permanente para toda la vida.

¿Por qué jugamos entonces?

Jugar a la lotería tan sólo es justificable por lo ilusionante.
Por un módico precio podemos pasarnos **horas soñando despierto.** El tiempo que pasamos fantaseando, dándole forma a

esa fortuna y la ilusión que nos crea son **motivos suficientes** para considerar como bien gastado el dinero de la apuesta.

Cada vez que se acerca un sorteo importante, las conversaciones en cafés, oficinas y hogares se centran en "¿qué harías si te toca?", generando historias que alimentan la esperanza colectiva, como un semillero de sueños compartidos.

Mientras exista una mínima probabilidad de que nos pueda tocar, estaremos inclinados a maximizarla y a minimizar todas las posibilidades en nuestra contra. Pensar que existe una oportunidad de cambiar nuestra vida en un instante es **la gasolina que alimenta el fuego de nuestro optimismo** irracional que nos hace creer en los milagros.

Ser pobre y rico en un día, el milagro es de Santa Lotería.

<u>Pero que toque la lotería tampoco es imposible ...</u>

Ahora le voy a dar la vuelta a la tortilla y te mostraré la botella medio llena.

Es cierto que la probabilidad es mínima, **pero existe.** Un ejemplo claro de esto es, que la probabilidad de que el espermatozoide del que provienes fecundara el óvulo que te dio lugar, es de una entre varios **BILLONES... ¡Y AQUÍ ESTÁS!**

Cada uno de nosotros ha nacido en contra de las probabilidades.

La realidad es que todos los días desafiamos esas probabilidades y nos estamos arriesgando continuamente, desde cruzar la calle hasta emprender nuevos proyectos. Si siempre actuáramos en función de las probabilidades, nunca nos aventuraríamos en nada y nos encontraríamos continuamente paralizados y estancados.

Gracias a todos los sorteos que se celebran cada día; entre Primitiva, Quiniela, Bonoloto, Lotería Nacional, Euromillones y juegos de la ONCE, cada año aparecen **más de 200 nuevos millonarios en España**.

Muéstrales a ellos la tabla de probabilidades y explícales que según las matemáticas, el día que decidieron comprar aquel boleto fue tirar su dinero.

Nuestras elecciones y acciones pueden alterar radicalmente nuestro camino y abrir puertas que parecían cerradas y de vez en cuando, vale la pena desafiar la lógica y atreverse a **SOÑAR EN GRANDE**.

Incluso el más escéptico tiene un rincón secreto en su mente que alberga la fantasía de un giro inesperado de su destino.

Pero para conseguirlo, lo primero que debemos hacer es lo que todos los ganadores hicieron, el primer paso obligatorio y sin el cual hubiese sido imposible que consiguieran su riqueza y es algo tan simple como **REALIZAR LA APUESTA**.

2. REALIZAR LA APUESTA

Se cuenta que un hombre muy devoto de un santo, le pedía constantemente que le tocara la lotería. Cada vez que rezaba, pedía con fervor y esperanza ganar el premio para mejorar su vida, pero nunca sucedía.

Finalmente, después de mucho insistir, el santo, cansado de escuchar siempre la misma petición, se le aparece y le dice: ¿Has probado a comprar algún décimo?

Es algo obvio; **si no juegas no te va a tocar.**

Aunque hay excepciones; como el que no realiza la apuesta, pero comparten el premio con él (por ejemplo; les toca a tus padres y lo reparten contigo) o aquél que encuentra en la calle por casualidad un boleto premiado. Pero eso ya sería "rizar el rizo".

A menudo, estamos rodeados de oportunidades, algunas visibles y otras ocultas, y cada elección que tomamos puede llevarnos por un camino completamente distinto. Apostar es, en esencia, **crearse una oportunidad** (poco probable, es cierto, pero oportunidad, al fin y al cabo) para cambiar nuestro futuro, o como decía el eslogan de una lotería:

"Haz que las cosas pasen"

Existen numerosos testimonios de personas que, **por los caprichos del destino**, dejaron escapar un gran premio al no poder realizar su apuesta en el momento justo:

- Algunos lo perdieron por **dejadez** (*"Ya jugaré con vosotros la semana que viene..."*), y justo esa semana que no participaron, fue cuando le tocó a su grupo de amigos.

- Otros, por **falta de esperanza** (*"He dejado de tirar el dinero con la lotería porque nunca toca..."*) descubren con horror que, en el sorteo en el que no participaron, salieron esos números que habían jugado toda su vida.

- Y algunos, simplemente, no estaban en el **momento y lugar adecuados** y el día en que se quedaron en casa enfermos fue cuando todos en su trabajo compraron el cupón ganador.

Pero también existen las historias opuestas:

- Como el que nunca había jugado en su vida y alguien le regalo un décimo que resultó premiado.

- Aquel que solo buscaba cambio para pagar el parking y, al jugar a la Primitiva, consiguió unos cuantos millones de euros.

- Y no faltan los casos de quienes, por error, marcaron números distintos a los habituales... y acabaron llevándose el premio gordo.

Pero de lo que no hay dudas es que debemos jugar si queremos que nos toque, pero...

¿A QUÉ JUGAMOS?

Es cuestión de gustos, la mayoría de juegos son de una mecánica muy sencilla y en eso reside parte de su atractivo. Si se exigiera algún tipo de destreza o conocimiento previo que fuese determinante para obtener el premio, por definición, ya no sería un juego de azar.

Si atendemos al número de probabilidades, parece más fácil ganar en unos juegos que en otros, pero como hemos visto en el capítulo anterior, incluso en el juego con más probabilidades de acertar, sigue siendo muy difícil llevarse un gran premio.

También es cierto que la cuantía de los premios va en relación con estas probabilidades. Los premios multimillonarios se deben a la acumulación de botes y eso demuestra su dificultad para que haya acertantes. No es lo mismo el premio de 35.000€ que te puede tocar en el sorteo diario de la ONCE, que los mega botes millonarios del sorteo de Euromillones.

Algunos prefieren apostar en juegos con probabilidades más altas de ganar, aunque los premios sean más modestos, argumentando que al menos tienen una oportunidad más realista de llevarse algo a casa. Otros, sin embargo, se lanzan a la piscina de las pocas probabilidades con la esperanza de alcanzar el premio gordo, sabiendo que las recompensas pueden ser astronómicas.

¿CUÁNDO JUGAMOS?

Cómo hemos mencionado anteriormente, lo único que tenemos asegurado cuando participamos en un sorteo es **la ilusión**, por lo que cuanto más tiempo de ilusión tengamos, mucho mejor.

Es muy emocionante la sensación de tener un boleto en la mano durante varios días, sabiendo que en cualquier momento podría ser el billete que cambie tu vida.

Por eso soy partidario de **jugar justo después de haberse celebrado el último sorteo.**

De esta forma el tiempo de decepción que nos causa no ser uno de los afortunados es mínimo y tendremos más días para soñar con nuestras ilusiones.

Es muy aconsejable **jugar cuando hay botes**, ya que la apuesta cuesta lo mismo, las probabilidades son las mismas, pero el premio que te puedes llevar será mucho mayor.

¿CUÁNTO DINERO JUGAMOS?

En Lotería emplearás lo que te sobre y nada más

Para jugar tenemos que ser **mayores de edad** y siempre debemos jugar **de forma responsable**. Esto no solo implica cumplir con los requisitos legales, sino también hacerlo con prudencia y sensatez en el manejo de nuestros recursos.

Es fundamental recordar que el dinero que destinamos al juego de la lotería debe ser dinero que **podamos permitirnos perder** sin que afecte nuestras responsabilidades y necesidades básicas.

Es tentador pensar en usar el dinero de la lotería como una inversión a corto plazo, con la esperanza de que el premio potencial compense lo que te acabas de gastar. Sin embargo, es un enfoque arriesgado que puede tener graves consecuencias. Por ejemplo, no uses para comprar lotería el dinero reservado para pagar la factura de electricidad con la intención de devolverlo cuando te toque, ya que seguramente esa factura se quedará sin pagar.

En vez de ver la lotería como una solución mágica a nuestros problemas, debemos considerarlo como un pasatiempo ocasional que no compromete nuestra economía y equilibrio emocional. La clave es disfrutar del juego con **moderación**.

Jugar a la lotería **debería ser divertido**, porque como su nombre indica es un **"juego"**. Debe ser visto como una actividad recreativa, un entretenimiento que puede generar ilusión y emoción. No podemos dejar que se convierta en una fuente de estrés o preocupación. Si nos encontramos priorizando el juego por encima de nuestras obligaciones y experimentamos ansiedad por la posibilidad de ganar o perder, es hora de detenerse y reevaluar nuestra relación con el juego y si es necesario establecer límites.

La línea entre el **juego responsable y la ludopatía** es delgada y a menudo difícil de reconocer. La adicción al juego puede desarrollarse de manera gradual, y muchas personas no se dan cuenta de que han cruzado esa línea hasta que enfrentan problemas graves. El exceso en el juego puede llevar a una espiral de endeudamiento, mentiras y problemas familiares. Por eso, es muy importante que seas consciente de cuanto juegas y cuanto dinero dedicas a ello.

Al fin y al cabo, con unas probabilidades tan bajas de acierto, es absurdo gastar mucho dinero en juegos de azar, ya que es cuestión de suerte; y **si la suerte está de tu lado,** incluso **jugando una solitaria apuesta** de vez en cuando, **te tocará.**

¿CÓMO JUGAMOS?

Sin duda, la estrategia más eficaz para acertar los resultados de la lotería fue la que se realizó en "Regreso al Futuro II" cuando robaron del futuro un almanaque deportivo con todos los resultados de los próximos 30 años. Siento deciros, muy a mi pesar, que todavía no se ha inventado el DeLorean.

La realidad es que debemos afrontar el tema de las predicciones con los pies en la tierra y una buena dosis de sentido común.

Examinemos, por ejemplo, la quiniela de fútbol, un juego en el que quizás parezca más "fácil" adivinar algunos resultados debido a la naturaleza relativamente predecible del deporte. Cuando juega el que va primero en la clasificación contra el último, lo más probable es que gane el equipo grande. Pero resulta, que cuanto más fácil sea pronosticar un resultado, más gente estará propensa a predecirlo, lo que a su vez reduce el valor del premio si acertamos, por tanto, no descorches tu botella de champán para celebrar tu pleno al 15 hasta que no veas el escrutinio, porque el precio del champán puede ser más elevado que el premio.

La diversidad de los juegos de azar refleja la diversidad de personalidades de los jugadores. Desde el soñador romántico que compra boletos con números significativos, hasta el analítico matemático que intenta descubrir patrones en los resultados anteriores.

La fecha de tu cumpleaños

Es muy interesante el tema de los números "favoritos" que cada uno elige para rellenar los boletos de Primitiva, Bonoloto, Euromillones, etc. Es comprensible que nos aferremos a ciertos números con un valor sentimental, como los de nuestra fecha de cumpleaños o aniversario. Eso se traduce en usar números menores del 12 en caso del mes y menores del 31 en el caso del día. Por tanto, si resultas ganador con una combinación de números bajos, habrá muchas posibilidades de que tengas que compartir el premio con más acertantes que han usado también alguna fecha señalada.

Aunque es cierto que todos los números tienen las mismas probabilidades de salir, habría que evitar (si quieres un premio más suculento) aquellos números que todo el mundo usa.

Esta situación se ilustra claramente en los resultados de la Primitiva del 23 de octubre de 2010. Lo que podría haber sido un premio sustancioso de casi tres millones de euros para un solo afortunado, se fragmentó en premios de 60,000 euros para cada uno de los 47 acertantes de máxima categoría.

La combinación ganadora 7-8-10-20-30-40, que parecía inofensiva y poco probable, se convirtió en una lección sobre cómo incluso las aparentes casualidades se pueden convertir en sorprendentes coincidencias.

La Lotería de Nueva Zelanda también proporciona unos datos muy interesantes al respecto. Los organizadores de los sorteos comprobaron en una ocasión que si algún día saliera como ganadora la combinación 1-2-3-4-5-6 habría 2.100 acertantes, dado que mucha gente juega a esos números porque resulta fácil y piensan que nadie más lo hará, lo que convierte una elección ingeniosa en una elección muy compartida.

También hay personas a las que le gusta volver a repetir la combinación ganadora que ha salido en el último sorteo. Es cierto que el destino es caprichoso y puede que algún día se dé esa circunstancia, pero ten presente que casi seguro habrá más gente con esa ocurrencia y tendrás que repartir el premio con todos ellos.

Vendedores de humo

Navegando por Internet puedes encontrar muchos "charlatanes de feria" dispuestos a vender fórmulas mágicas y métodos infalibles que prometen el acceso garantizado a grandes fortunas gracias a acertar la lotería, eso sí, a cambio de un módico precio. Estos personajes se aprovechan de la aspiración humana a conseguir riquezas sin esfuerzo, tejiendo narrativas tentadoras que apelan al deseo universal de una mejora económica. Sin embargo, es esencial recordar que la realidad rara vez es tan simple o mágica como estas promesas de "éxito instantáneo".

Entre los más coloridos vendedores de humo también se encuentran los videntes y adivinos, aquellos que aseguran poseer una conexión especial con el mundo esotérico y la capacidad de prever el futuro. La pregunta que surge inmediatamente es: si de verdad tuvieran ese don, ¿por qué compartirían semejante poder con todo el mundo? La lógica dice que, si alguien poseyera la habilidad de predecir números ganadores de la lotería, seguramente estaría debajo de un cocotero disfrutando de un mojito en vez de perder el tiempo en internet compartiendo su "poder sobrenatural".

En el hipotético caso de que hubiese alguno tan generoso que desee compartir su don de forma altruista con los demás, lo normal sería que lo hicieran de manera desinteresada, sin solicitar compensación económica alguna, resultando evidente, por tanto, sus intenciones y motivaciones.

Números Calientes

En juegos como la lotería, donde la extracción de números es una suerte que se rige por la aleatoriedad, surge la idea de que algunos números podrían ser más propensos a aparecer que otros. Este pensamiento lleva a la noción de "números calientes", aquellos que parecen tener una mayor frecuencia de aparición en sorteos consecutivos.

En algunos casos, se ha observado que en ciertos juegos de azar que dependen de una mecánica determinada, las bolas y bombos pueden presentar defectos o imperfecciones sutiles que hacen que algunos números sean más propensos a ser seleccionados. Esta idea ha llevado a la creencia de que si se sigue un patrón de observación y se apuesta en base a estos "números calientes", se podría aumentar la probabilidad de acertar algún número. Un ejemplo clásico de esto es la historia de la familia "Pelayo", que logró ganar considerables sumas de dinero en casinos de todo el mundo al aplicar este método a la ruleta.

Sin embargo, trasladar este concepto a las loterías puede presentar ciertos desafíos. Aunque en teoría podría ser posible acertar algunos números siguiendo patrones de "números calientes", el verdadero desafío radica en dar con la combinación completa de números ganadores.

Las loterías modernas están cada vez más informatizadas y su proceso de selección de números está diseñado para garantizar la imparcialidad y la aleatoriedad. Además, los organismos reguladores y de supervisión están muy atentos para prevenir cualquier manipulación o irregularidad que pudiera surgir.

Un trébol de cuatro hojas

Ante este panorama tan poco alentador, soy un defensor a ultranza de **LAS SUPERSTICIONES**.

Partamos de que no hay forma alguna de domar la suerte. En el momento en el que seamos capaces de controlar la suerte, por definición, eso ya no se puede llamar suerte.

No existe ningún estudio que de fiabilidad a una superstición, ni pruebas empíricas que las validen. Pero lo que no se puede negar es que **puede ser muy divertido** realizar ciertas liturgias.

Lo bueno de las supersticiones es que todas son **igual de válidas o igual de inútiles**, así que te animo a que si no tienes supersticiones te las inventes. Si no se te ocurre ninguna, te digo yo algunas de las mías para que te sirvan de inspiración:

- Intento siempre entrar en el local dónde realizo la apuesta con el pie derecho y pagar siempre con la mano izquierda.

- Me gusta jugar en administraciones cercanas al agua, ya sea el mar, un lago o incluso un río.

- Me encantan los amuletos: llevo pirita (conocida cómo el oro de los tontos) en la cartera porque dicen que atrae la riqueza y los boletos los deposito debajo de un elefante que tengo con la trompa hacia arriba, que simboliza prosperidad y atrae la buena suerte.

- Antes de seleccionar mi número me fijo en los que hay a mi alrededor, desde la matrícula de un coche a la puerta de una casa, y luego los utilizo en mi apuesta.

- Suelo dormir con una libretita y un lápiz en la mesita de noche para apuntar cualquier número que me visite cuando duermo, ya sea de forma explícita o a través de la interpretación de los sueños. No sé si realmente eso se podría considerar una superstición, pero ha sido hasta ahora el método que mejores resultados me ha dado y os animo a que investiguéis un poco sobre el tema, aunque seáis muy escépticos, porque el mundo onírico es siempre muy interesante.

La Falacia de Montecarlo

Cómo hemos visto hasta ahora, los juegos de azar, por definición, son juegos donde sólo influye la suerte. Es imposible encontrar un patrón para predecir los números ya que los resultados siempre son aleatorios y no existe ninguna fórmula matemática que se pueda aplicar, aunque haya gente que piense lo contrario y se saque normas de la manga sin ningún tipo de base científica.

Es lo que se denomina la **Falacia del Jugador o Falacia de Montecarlo**, que consiste en **creer que los sucesos aleatorios pasados influyen en los futuros.**

A continuación, te expongo algunos de estos pensamientos erróneos aplicados al mundo de las loterías:

- Si compras donde siempre toca, es muy posible que te toque.

¡FALSO!

Cada número tiene exactamente la misma probabilidad de salir, sea el que sea y se compre donde se compre. Lo que ocurre es que si una administración vende más números que las demás, es más probable que salga un número vendido allí. Por eso no tiene ningún sentido esperar horas de cola en "Doña Manolita" con el argumento de que allí es donde dan más premios, ya que eso ocurre simplemente porque allí es donde se vende más décimos.

- Si juego siempre los mismos números, alguna vez me tocará.

¡FALSO!

La probabilidad no se acumula, así que en cada sorteo, tu número tiene las mismas posibilidades de salir, ni más ni menos que la vez anterior. Cambiar cada vez de número o comprar siempre el mismo te da las mismas probabilidades de tener premio.

- Un número que ya ha salido no volverá a salir.

¡FALSO!

Como acabamos de decir, en cada sorteo tu número tiene las mismas posibilidades de salir, aunque ya lo haya hecho anteriormente. De hecho, puedes comprobar en el histórico de la lotería de Navidad, como dos números han sido premiados con el primer premio en más de una ocasión: el 15.640, que salió en 1956 y 1978, y el 20.297, el cual tocó en los años 1903 y 1906.

Pensar que como ha salido nueve veces seguidas el negro en la ruleta, ahora toca rojo, no tiene fundamento matemático alguno. Esto suele resumirse con la frase **"Los dados no tienen memoria"**.

La credibilidad de las loterías

El negocio de las loterías, en su aparente simplicidad, se fundamenta en la creencia universal de que es un juego basado puramente en la suerte. Esta noción es la columna vertebral que sostiene la industria de las apuestas y que atrae a millones de personas en busca de ese destello de buena fortuna que podría cambiar sus vidas de la noche a la mañana. Sin embargo, como con cualquier empresa masiva, existen teorías que cuestionan la transparencia y la honestidad de estos juegos, llevando a reflexionar sobre el papel de la suerte y la posible intervención humana en los resultados.

Imagina un escenario en el que de repente se descubriera que las loterías están manipuladas y que los premios y los ganadores fueron previamente predeterminados. Una noticia así sacudiría los cimientos de la confianza en estos juegos y no volvería a jugar a la lotería ni el "Tato". La idea no es tan "conspiranoide" como podría parecer a primera vista.

Las administraciones de lotería tienen acceso a la información de todas las apuestas realizadas antes de cada sorteo, lo que potencialmente les brindaría la capacidad de decidir los resultados a conveniencia. Esto podría significar dejar un premio vacante para acumular un bote más atractivo y aumentar así el número de apuestas y por tanto, la recaudación o, peor aún, otorgar el premio a una combinación de números preseleccionados y poder elegir el ganador a dedo.

El factor del dinero también juega un papel importante en este debate. Cuando entran en juego sumas millonarias, la tentación de manipular los resultados podría ser muy grande.

Sin embargo, demostrar la "honradez" es algo fundamental para la reputación de las loterías y para la confianza del público en general.

En muchos países, las loterías están reguladas por organismos gubernamentales y se someten a auditorías rigurosas para garantizar que los resultados sean imparciales y justos. La mayoría de las loterías se esfuerzan por mantener un nivel de transparencia que evite cualquier sospecha de fraude porque la posibilidad de perder la confianza del público podría tener consecuencias devastadoras ya que significaría matar a la "gallina de los huevos de oro".

En resumidas cuentas, si alguna vez alguien encontrase el método para predecir los resultados, sea cual sea, sin duda alguna eso sería **el principio del fin de todas las loterías.**

¿DÓNDE JUGAMOS?

Siempre a través de un canal oficial de venta de loterías. En España son fácilmente identificables por sus logotipos y tipos de boleto. No te fíes de loterías clandestinas o webs desconocidas dónde difícilmente te puedan garantizar cobrar tu premio.

Puedes realizar la apuesta tanto en un lugar físico cómo a través de Internet y cada uno tiene sus ventajas e inconvenientes:

- La Administración de loterías física:
  · Tiene la gran virtud del trato personal (a mí me gusta cuando me desean suerte).
  · Está esa sensación de tener en nuestras manos el boleto o décimo; parece como si palpando ese papel impreso fuese más fácil hacer volar nuestros sueños.
  · Con el boleto físico también es más sencillo compartir un premio, cómo veremos más adelante, algo que hasta ahora no se puede realizar online, ya que solo se puede registrar a un solo individuo para realizar las apuestas.

- Internet:

- Tiene la comodidad de poder realizar apuestas sin moverte de casa y cuando quieras.

- Tiene la gran ventaja de poder comprar los boletos de forma automática y así evitar que se te olvide hacerlo alguna semana.

- Te avisan cuando obtienes algún premio y es imposible de que un premio se quede sin cobrar.

- Sin boleto físico nos aseguramos de que no vamos a perder o deteriorar nuestro boleto antes de que se celebre el sorteo.

- Pero sobre todo la gran ventaja es el **absoluto anonimato del ganador.**

Realizar la apuesta merece la pena, porque cuando menos te lo esperes... **LLEGARÁ ESE GRAN DÍA.**

3. Y LLEGÓ EL GRAN DÍA

¡Enhorabuena! Lo has logrado, has conseguido acertar la combinación que te hará inmensamente rico de la noche a la mañana. **Le acabas de dar una patada en la entrepierna a las odiosas probabilidades.** Lo que parecía que solo le pasaba a los demás, por fin te ha ocurrido a ti. Seguro que se te ha dibujado una gran sonrisa en tu cara con solo imaginarlo.

LO QUE TE ENTRA POR EL CUERPO

Uno de los pocos días que los informativos dan buenas noticias es el día de la lotería de Navidad. Es curioso que, aunque no conozcas personalmente a ninguna de las personas que desatan su euforia al sentirse premiados, da mucha alegría verlos. Al igual que ocurre con los sentimientos tristes, la alegría es contagiosa y aunque en el fondo también sientes cierta envidia por no ser tú el que bebe el champán directamente de la botella, sabes que esas personas hoy son un poco más felices que ayer y eso te reconforta. Por ello, para que te contagies un poco de esa felicidad, voy a narrar a continuación algunos testimonios de personas que han vivido esa experiencia:

"Sara y Julia trabajaban en el servicio de catering de un hospital de Asturias cuando les tocó la lotería a casi todos los empleados. Sara recuerda que "creo que nos abrazamos y saltamos de un lado a otro y dijimos: ¿es esto real? Seguimos llamándonos unas a otras y diciendo: eres millonaria, lo eres. ¡Somos

multimillonarias!". Julia, que también recibió una de esas llamadas, esperó a meterse en la cama por la noche para dar la noticia a su marido. Era lo último que se podía imaginar, por eso el momento elegido por la ganadora es inolvidable: "Le dije a mi esposo, esta noche te vas a acostar con una millonaria. Me ha tocado la lotería".
Fuente: elconfidencial.com

"Un año después, Belén habla de aquella jornada regada con cava y con mucha nostalgia. «Daría todo por volver a revivir ese momento. Fue el más grande de mi vida. Es una sensación indescriptible y ojalá todo el mundo pudiera vivirla alguna vez. Me tiré cuatro noches sin dormir de pura felicidad»".
Fuente: abc.es

"Estaba en la cama cuando mi padre me despertó con la noticia de que la administración de mi barrio había dado el premio gordo. Yo había comprado un décimo y rápidamente me fui a comprobar si era el premiado. Lo tuve que mirar varias veces porque no me lo podía creer. Mi padre y yo saltábamos abrazados como dos niños en una tienda de dulces.
Fuente: elpais.es

«La mañana de antes estaba limpiando la casa, y tenía un armario con un mogollón de papeles que tenía que limpiar. Me puse a limpiarlo, y apareció una libreta de la que salió un boleto de Bonoloto de 2004, y me dio un presentimiento. Que ese boleto apareciera de esa libreta, que me dé por echarlo, y que salgan esos números, parece de película», comentó con una sonrisa. Cuando le preguntamos cómo se enteró de su victoria, su respuesta estuvo llena de emoción: «Estaba un poco agobiado ese día por temas de trabajo. Estaba en el sofá, viendo el partido y miré mi teléfono para comprobarlo. Se me puso el corazón a mil, ni eché cuenta al partido. Sobre quién fue la primera persona

en enterarse de la noticia, nos contó que llamó a su madre: «Iba del salón a la cocina dando vueltas hablando con mi madre, que me decía "niño déjate de tonterías, todo el día con el cachondeo". Luego vio que era verdad y se puso de los nervios». En cuanto a sus planes para el premio de 1.184.083 euros, admite que aún está en fase de asimilación, y se lo va a plantear «con mucha humildad y con los pies en la tierra». No obstante, nos confiesa que en lo primero que pensó fue en sus padres: «Ya no van a tener problemas. Yo soy feliz por poder ver a mis padres felices, ellos que me han dado todo, poder devolvérselo ahora no tiene precio». Además, nos confiesa que es masajista y que tiene un proyecto en marcha que estaba intentando poner en pie, y ahora tiene la tranquilidad de poder llevarlo a cabo. Describe su experiencia como «uno de los mejores días de mi vida»,
Fuente: tulotero.es

Cuando una persona se encuentra ante la sorprendente noticia de haber ganado un gran premio en un juego de azar, su cuerpo experimenta una cascada de reacciones fisiológicas y alteraciones nerviosas en cuestión de segundos. Este conjunto de cambios en el organismo se manifiesta exteriormente de manera espasmódica: los músculos se contraen de forma brusca, constante y no voluntaria, lo que da lugar a la imagen de los ganadores de lotería dando saltos, bailando y dando "carreritas" en un frenesí de emoción.

Este impacto emocional puede incluso otorgar momentáneamente una fuerza inusual a la persona. En un instante, alguien puede levantar objetos que normalmente consideraría demasiado pesados e incluso cargar a otra persona (por eso es común ver esos abrazos levantando a la persona en peso), como si la adrenalina liberada en ese instante de euforia momentánea le brindara un poder sobrenatural. Este estado de excitación se asemeja a los temblores y movimientos descoordinados que suelen acompañar a la ebriedad, de ahí la expresión "borrachera de millones" que a menudo se utiliza para describir este fenómeno.

Estas reacciones fisiológicas, en realidad, son mecanismos de autodefensa. El cerebro emite señales que aceleran el ritmo cardíaco y el flujo sanguíneo, preparando los músculos para un esfuerzo sobrehumano. La presión arterial aumenta y el hígado comienza a liberar glucosa en la sangre, desencadenando una descarga de adrenalina que nos hace sentir como si estuviéramos "flotando en las nubes".

La intensidad de la alegría se propaga por todo el cuerpo, ya que esta emoción en particular activa una red de sensaciones en diversas partes del tronco superior, donde se alojan los órganos vitales. Tanto las emociones positivas como las negativas se generan y experimentan en esta región.

Aunque el cuerpo responda de inmediato, la mente necesita tiempo para procesar la magnitud del evento. Es por eso que a menudo escuchamos a los nuevos millonarios decir: "Todavía no me lo puedo creer". El impacto emocional positivo puede incluso nublar momentáneamente nuestras habilidades cognitivas, ya que estamos lidiando con algo totalmente desconocido y excepcional.

La cuestión crítica aquí es la comprensión de la fragilidad mental en momentos de extrema euforia. Por lo tanto, es esencial evitar tomar decisiones impulsivas en esas circunstancias. Los primeros pasos después de ganar un premio millonario son esenciales para una gestión financiera exitosa. Sin embargo, es curioso que a menudo se tomen este tipo de decisiones en momentos de gran nerviosismo y excitación.

Pero hay una forma para evitar que "metamos la pata" de forma irreversible en esos instantes de debilidad psicológica. Es algo tan simple cómo que **NO SE ENTERE NADIE.**

4. QUE NO SE ENTERE NADIE

 Aunque el dinero puede hacerte muy feliz y resolverte muchos problemas, también te creará otros nuevos.

Aclararte que en todo momento me estoy refiriendo a los perjuicios que te puede ocasionar un premio astronómico, de esos que te marean al ver su cifra y que significará un cambio radical en tu vida. Para que me entiendas; los 35.000€ que te podrían tocar en el cupón diario de la ONCE seguramente no te ocasionen ningún tipo de problema si se entera la gente de que te ha tocado.

La mejor forma para evitar muchos de los inconvenientes que conlleva hacerte multimillonario de repente, se resume en algo muy simple; **QUE SÓLO TÚ SEPAS QUE TE HA TOCADO.**

En países como EE.UU. o Reino Unido, es obligatorio que el ganador se haga la correspondiente foto con su cheque gigante y haga declaraciones sobre lo inmensamente feliz que se encuentra y las mansiones y deportivos que se va a comprar. Después distribuyen las imágenes por medio mundo y las usan como reclamo publicitario de la propia lotería.

Por suerte, en España **tienes derecho al anonimato** y no tienes por qué hacer pública tu identidad, aunque esto es relativo, ya que sí se publicita el nombre de la Administración que ha dado ese gran premio.

Con este dato, si vives en un pueblo pequeño o en determinados barrios dónde se conoce todo el mundo, es casi imposible que finalmente no salga a la luz el nombre del acertante. Todo el mundo estará atento al más mínimo movimiento (el que acaba de dejar su trabajo de forma voluntaria, el que ha cambiado de casa, el que se ha comprado un coche de alta gama, etc.).

Aunque el ganador goza del derecho al anonimato, hoy en día es relativamente fácil ponerle cara al ganador si el dueño de la administración se lo propone, ya que solo basta con que compruebe la hora en la que se validó la apuesta y revise las cámaras de seguridad. En un pueblo poner caras, es igual que saber su nombre.

Una forma de evitar todo esto es realizar la apuesta por internet o en una administración que se encuentre lejos de tu residencia habitual. Por ejemplo, muchas personas tienen la costumbre de comprar un décimo de lotería de navidad en aquellos lugares donde pasan las vacaciones. También puedes jugar tus apuestas en aquellas administraciones que tienen mucho trasiego de personas, cómo en centros comerciales, lugares turísticos, estaciones de tren, etc., ya que son sitios donde es muy complicado averiguar la identidad del acertante.

Tratar de mantener el premio en secreto durante un tiempo será clave para poder tener controlada la situación. Más adelante, **cuando consideres que ya estás preparado**, podrás dar la noticia y comprobarás que haber esperado un poco no le ha quitado ni una pizca de emoción a ese glorioso momento. Aunque la noticia tendrá algunos matices, pero eso es algo que ya veremos más adelante en este manual.
El silencio inicial puede ser tu mayor aliado en la protección de tu bienestar emocional y financiero. Tu fortuna es un asunto personal, y la decisión de cuándo y cómo compartir esta noticia es tuya y solo tuya.
Ya sé que puede resultar complicado contenerte después de llevar tantos años siendo "pobre". Pero es algo fundamental, sin duda es **el consejo más valioso** que te voy a dar.

Reconozco que no poder compartir tanta alegría y felicidad no es nada fácil, es similar a no poder desahogarte con alguien en momentos de tristeza, pero créeme, merece la pena ese esfuerzo de contención verbal. **Todo llegará.** Por ahora trata de seguir los siguientes consejos:

- <u>**Evita comprobar el boleto en un establecimiento de loterías.**</u>

Ni se te ocurra aparecer por la administración de lotería donde compraste el décimo y donde estarán expectantes por conocer al afortunado ganador. Es muy recomendable que vayas adquiriendo esta sana costumbre **desde ya.** Si compruebas el boleto en tu casa, además de ahorrarte un ataque al corazón en un lugar público, evitas que tanto el dependiente, como los clientes que estén en ese momento en la administración de loterías, conozcan tu identidad. Esos cotilleos le encantan a todo el mundo y se expanden cómo la espuma. Revisa los resultados a través de Internet, periódico o en el teletexto, y procura que tus gritos, carcajadas, llantos, saltos y volteretas no llamen la atención de tus vecinos.

Si sales en las noticias blandiendo al viento el boleto ganador conseguirás tu minuto de gloria, pero a cambio obtendrás muchísimos quebraderos de cabeza.

A eso se le suma la omnipresencia de las redes sociales y la constante exposición pública que tanto nos gusta a todos, sobre todo si es para alardear de lo bien que nos va y puede llegar a ser muy tentador publicar tu nueva condición de flamante millonario.

En el momento que pregonas tu suerte a los cuatro vientos, alardeas de ella en televisión o invitas a una ronda a todos los presentes en la oficina o en el bar, que sepas, que después **no habrá marcha atrás.**

Hay personas a las que les gusta ese protagonismo o simplemente se sienten tan eufóricos que no son conscientes de lo que están haciendo y ese puede ser un gran error, ya que **SER CONSCIENTE** de todo lo que te está sucediendo es algo fundamental.

- <u>Nadie es nadie</u>,

Ni padres, ni hermanos, ni mejores amigos. **La mejor forma de que te guarden un secreto es no contándolo**, así evitarás que por accidente (y sin accidente) se le pueda escapar a alguien. No es cuestión de desconfianza, sino de aplicar una medida cautelar de seguridad sensata.

¿Ni a mi pareja? En la enumeración de personas cercanas he omitido a la pareja porque tiene sus particularidades:
- Si estáis casados en régimen de **bienes gananciales,** a tu pareja le corresponde la mitad del premio, por lo tanto, es muy recomendable comunicarle cuanto antes a tu pareja que también ha ganado, porque en caso contrario puedes tener problemas legales a posteriori.
- Si estáis en trámites de separación, pero **no habéis disuelto la sociedad de gananciales**, también le corresponde la mitad. Si se te ocurre la "genial" idea de que alguien cobre por ti el premio (por ejemplo, tu madre) y que una vez se haya formalizado el divorcio te devuelva el premio, además de los impuestos que tendrás que pagar por donaciones, estarás realizando fraude de ley.
-Si estáis casado en régimen de **separación de bienes**, estáis **divorciados** o **no estáis casados** legalmente, el premio te corresponde de forma íntegra y no tienes obligación legal de repartirlo con nadie y por tanto de comunicárselo. Eso sí, no debe existir duda alguna de que la apuesta solo la hiciste tú y que el dinero con el que se pagó dicha apuesta era sólo tuyo, porque si no es así, seguramente intentarán buscarte las cosquillas judicialmente.

A pesar del secretismo absoluto que te indico, es cierto que podría ser bueno que una persona de tu total confianza te acompañase a todos los trámites y gestiones que tendrás que realizar, ya que tendrás que tomar muchas decisiones difíciles y es aconsejable tener cerca otro punto de vista (cuatro ojos ven más que dos). Pero si no tienes claro en quien confiar, **más vale sólo que mal acompañado.**

Habrá personas que será inevitable el tener que comunicárselo, como asesores, abogados o banqueros. Aunque se presume que por ética profesional no deben revelar tu identidad, por si acaso, oblígalos a que firmen un **contrato de confidencialidad**.

¿PORQUE ES TAN IMPORTANTE MANTENER EL ANONIMATO?

- <u>Sobre todo por</u> **SEGURIDAD**. Por muchísimo menos dinero del que te ha tocado, hay gente dispuesta a **matar, secuestrar, extorsionar, robar, chantajear, timar o engañar** a ti o a cualquiera de tus seres queridos.

Ni tu casa actual tiene la seguridad adecuada, ni tienes adquirido el hábito de tener ciertas precauciones al respecto y eso lo saben todos esos "malhechores" que tratarán de aprovechar el aturdimiento y la falta de información inicial del afortunado para beneficiarse de la situación. Un ejemplo impactante de esta "inseguridad" radica en que, cuando el Gordo de Navidad cae en una determinada zona, los índices de robos en ese lugar se incrementan de manera exponencial.

-Por **TRANQUILIDAD**. Al principio estarás en estado de shock, muy feliz, pero tremendamente nervioso, ya que te enfrentas a una situación inesperada y totalmente nueva para ti. Necesitarás un tiempo de sosiego para digerir la noticia y reflexionar sobre cuáles son los siguientes pasos que debes dar.

Lo que menos necesitas en esos momentos son más personas nerviosas a tu alrededor, con la misma experiencia que tú en una situación parecida, es decir, ninguna, dándote consejos a "diestro y siniestro" sobre lo que tendrías que hacer con toda esa fortuna, con el agravante de que encima el dinero no es suyo.
Te aseguro que esa es la manera más rápida de perder el control de la situación, además de los nervios.

- Para evitar a **LOS MOSCARDONES.** Desde el primer momento que se haga pública la noticia, aparecerán primos lejanos y cercanos, amigos de tu infancia, vecinos, gente que jamás te dio ni los buenos días y hasta completos desconocidos, que por el simple hecho de que el dinero ha sido fruto del azar y no del sudor de tu frente, te exigirán que compartas tu premio. Estas peticiones te acarrearán momentos de estrés e indecisión, porque **no es fácil negarle un favor** a alguien que supuestamente lo necesita cuando a ti te sobra el dinero. Incluso teniendo muy claro que no les vas a dar ni un euro, te harán perder mucho tiempo y seguramente con tu negativa te crearás muchas enemistades, algo que jamás puede ser positivo.

Una observación respecto a esto; **la gente que te quiere de verdad** y que se alegra de corazón por tu premio, **nunca te pedirá ni un céntimo,** incluso necesitándolo.

Dentro de estos moscardones hay que incluir **los que llevan corbata.** Estos son los directores de banco, agentes inmobiliarios, vendedores de coches y demás **fauna de hambrientos comerciales en busca del indefenso cervatillo cargado de millones de euros para gastar.** No te pedirán que compartas el premio con ellos, **pero casi.**

Luego están **los moscardones que llevan micrófono y cámara,** o también llamados periodistas. Sin duda la noticia del "nuevo rico" vende mucho, incluso se puede considerar un subgénero periodístico. No pararán de indagar hasta encontrarte y así poder informar sobre los excesos, excentricidades y meteduras de pata del flamante millonario. Los periodistas son muy peligrosos, ya que servirán de altavoz para que se conozca tu nueva situación en todo el mundo. Si la noticia llega a los medios, se **multiplican** de forma exponencial los riesgos de robo, secuestro, estafa, moscardones, etc.

También te encontrarás con los **moscardones emprendedores…** a tu costa. Gente que quiere que **inviertas** en sus proyectos nombrándote socio capitalista. Todos intentarán convencerte que son increíbles oportunidades para ganar mucho dinero (parece que no se han enterado de que tú ya tienes mucho dinero). Algunos irán con buena fe, pero la mayoría querrán desplumarte.

- <u>Para evitar a aquellos que piensan que</u> **TÚ ERES UN BANCO** sin ánimo de lucro que concede préstamos a un 0% de tipo de interés con una cuota irregular a infinitos meses, o lo que es lo mismo, el clásico **"tú me prestas el dinero que yo te lo voy pagando poquito a poco"**.

Si se desconoce cuánto dinero tienes, nadie se atreverá a pedirte préstamo alguno, pero en cambio, sabiendo la cuantía del premio, algunas personas asumirán que prestarles dinero es una transacción insignificante para ti, lo que puede llevar a solicitudes incómodas y persistentes. Lo que estas personas no comprenden es que prestar dinero, incluso en el contexto de amistad o familia, no es tan simple como parece.

Seguramente ellos no son conscientes (o no quieren serlo) de que ese dinero que les prestas dejará de generarte intereses a ti y por tanto el ahorro y comodidad que significa para ellos evitar pedir el préstamo a un banco, te va a generar a ti un cese de ganancias. Si no te importa dejar de percibir esos beneficios porque realmente quieres ayudarles; ten en cuenta que **puede ser mejor regalar dinero que prestarlo**, porque podría ser más beneficioso tanto para ti como para la relación con la otra persona.

La gratitud por un regalo siempre tiende a ser mayor y menos comprometedora **que la deuda pendiente de un préstamo**.

No digo que nunca prestes dinero, pero se consciente de que ese dinero tendrá serias dificultades para volver a tu bolsillo. **En el pensamiento de quien te pide un préstamo, está la idea de que no existe la urgencia de cobrarlo porque no lo necesitas.** Nadie te va a agradecer un préstamo porque entienden que no tiene ningún mérito dejar el dinero que te sobra y que supuestamente te van a devolver. Encima, en el caso de que tarden mucho en pagarte y decidas reclamarle la deuda, seguramente se sientan ofendidos y molestos contigo.

Cuando hay deudas de por medio, las relaciones familiares y de amistad siempre se resienten. Recuerda que **las dos formas más rápidas de perder un amigo es pidiéndoles dinero o dejándoles dinero.**

Si finalmente te animas a prestarlo, mi consejo es que sean **pequeñas cantidades,** ya que son más fáciles de devolver y así también evitas grandes pérdidas si no te pagan. Y por supuesto, no le vuelvas a dar un préstamo a quien no haya saldado su deuda anterior. **Contra el vicio de pedir, está la virtud de no dar.**

Y un último consejo respecto a este tema; mucho ojo en relación con los impuestos que hay que pagar tanto para las donaciones, cómo en los préstamos personales. Más vale contar con asesoramiento profesional al realizar estos trámites, sobre todo cuando se trata de cantidades importantes, porque luego puede haber "sorpresitas" con hacienda.

-<u>Para que lo que compres no te cueste más caro que a los demás</u>. Todo el mundo intentará siempre sacarte el máximo dinero posible porque saben que lo tienes, así de simple.
Para asegurarte de que tus compras no te cuesten más de lo debido y que no te veas atrapado en un mercado inflado por la percepción de tu nueva riqueza, es fundamental mantener la discreción en cuanto a tu situación financiera. Esta precaución no solo busca resguardar tu patrimonio, sino también garantizar que las transacciones que realices sean justas y acordes a los valores del mercado.
Basta que un famoso o millonario se interese por algo, para que se dispare su precio de mercado.
Mientras estés dentro del mercado de la oferta y la demanda todo te costará igual que al resto, pagarás lo mismo que cualquier otra

persona por un artículo o servicio. Los problemas surgen con los antojos; una casa determinada en un lugar único, ropa a medida, muebles de diseño exclusivo (la palabra "exclusivo" tiene la cualidad de hacerte un gran agujero a tu bolsillo), etc. Las decisiones impulsivas y los caprichos del "aquí y ahora" y los del "porque yo lo valgo y me lo merezco" se pagan bastante caros.

Muchos profesionales adaptan sus ofertas según el cliente, e inflan los presupuestos como un globo aerostático, simplemente porque creen que tienes mucho dinero disponible.

-Para no ser carnaza de demanda. Debes tener mucho cuidado siempre "por donde pisas", ya que te denunciarán hasta por respirar si así te pueden sacar una suculenta indemnización.

En una sociedad donde las demandas pueden surgir por cualquier motivo y donde el dinero puede ser un incentivo poderoso para iniciar procesos legales, tu nueva riqueza puede convertirse en un blanco atractivo para aquellos que buscan aprovecharse de la situación. Desde demandas infundadas hasta intentos de chantaje, el riesgo de ser arrastrado a situaciones legales problemáticas puede aumentar exponencialmente cuando tu identidad y situación financiera son de dominio público.

En una era de información instantánea y viralidad, cualquier noticia, verdadera o falsa, puede propagarse rápidamente. Esto puede dañar tu reputación y afectar tu paz mental. Aquí es donde el anonimato sirve como un escudo protector.

La contratación de un buen asesor legal puede proporcionarte orientación sobre cómo manejar estas situaciones tan delicadas. Su experiencia puede marcar la diferencia entre una respuesta adecuada y una reacción impulsiva que podría empeorar las cosas.

-Para que no te salgan "dueños" del boleto premiado de debajo de las piedras. Suele ser muy común que esas personas que en el pasado alguna vez compartieron un décimo contigo, podrían aparecer de repente como los copartícipes más leales, alegando que también forman parte del triunfo.

Aunque fuese falso, si lo llevan ante un juzgado y se acepta su demanda, conllevará que te "congelen" el dinero del premio sin poder tocarlo hasta que se dicte sentencia, con todos los perjuicios que eso puede ocasionarte.

La discreción en la que has mantenido la noticia de tu premio no solo protege tu anonimato, sino que también actúa como un filtro natural para aquellos que buscarían reclamar una porción del dinero. La ausencia de reclamos legales en un período razonable de tiempo puede considerarse como una evidencia de que nadie más tiene derecho a ese premio, eliminando de raíz la posibilidad de disputas por la propiedad.

Cosa muy distinta es que verdaderamente hayas jugado con otras personas y decidas callarte aprovechando la dejadez del resto de participantes para comprobar los resultados de la apuesta. Eso, además de algo totalmente reprochable tanto ética como moralmente, es delito (apropiación indebida).

-Para mantener tu estilo de vida. En realidad, te sientes cómodo con tu trabajo, tus amigos y el barrio donde vives y juegas a la lotería porque tienes la esperanza de que te toque ese "pellizquito" que necesitas para realizar ese viaje soñado, la reforma del baño o poder cambiar de coche, en resumen, un dinero **que mejore un poco tu vida, pero sin cambiarla**. Si estás en ese grupo y quieres conservar todo eso tal y cómo lo conoces hasta ahora, pero has tenido la "mala suerte" de que en vez de "pellizquito", te ha tocado un "pellizcazo", lo peor que puedes hacer es contarle a todo el mundo que eres multimillonario.

El dinero cambia a las personas y aunque tú quieras seguir llevando tu misma vida y consigas no cambiar nada (que lo dudo mucho), el trato de los demás hacia ti, te aseguro que cambiará, creándose una serie de expectativas hacia tu persona, que irán siempre en función de tu riqueza.

Para muchísimas personas solo serás "**el que ganó la lotería**" y dará igual los méritos que hagas a partir de entonces.

La sociedad a menudo asocia la riqueza con el poder y el estatus, lo que puede generar expectativas irreales sobre lo que deberías hacer con tu dinero. La gente puede asumir que debes gastar más, ser más generoso en tus acciones y regalos, y que tus problemas han desaparecido por completo. Esta percepción que los demás tienen de ti, puede poner en conflicto tus deseos de mantener una vida normal.

Si decides mantener en secreto tu premio y limitar la información sobre tu riqueza, podrías darles a las personas la oportunidad de interactuar contigo sin prejuicios ni expectativas preconcebidas. De esta forma te seguirán valorando por lo que eres, más allá de tu fortuna.

Respecto a esto, existe una curiosa anécdota que contaba un ganador de lotería; antes de ser millonario, esta persona tenía la costumbre de pagar el café de la persona que se sentaba junto a él en la barra de la cafetería, aunque fuese un completo desconocido, y normalmente le devolvían el favor en días posteriores. Era una forma que tenía de socializar, entablar conversaciones y ampliar su círculo de amistades. Después de tocarle la lotería siguió con su costumbre de pagar el café a quien tuviese cerca, pero jamás le devolvieron la invitación. Este hombre explicaba que echaba de menos que alguien tuviese un gesto amable con él. Según sus propias palabras, desde que le tocó la lotería, **nadie le había hecho un favor de forma desinteresada o sin esperar nada a cambio.**

En medio de todo este "enjambre", es imprescindible mantener una perspectiva clara y firme en tus decisiones. Puede que haya conseguido convencerte de que lo más sensato es guardar el secreto de ser ganador de la lotería, pero ¿hasta cuándo?

Ya sé que tienes prisa por empezar a gastar tu dinero, pero sólo te pido un poco de paciencia, has sido pobre toda tu vida, por serlo unos días más, no te va a pasar nada. Antes de ir a cobrarlo, ordena tu mente y **tómate un tiempo de reflexión.**

5. TÓMATE UN TIEMPO DE REFLEXIÓN

Lo primero, pon el boleto premiado a buen recaudo, en un lugar seguro a salvo de posibles accidentes, no vaya a ser que por error se lo coma el perro, tu hijo lo use como lienzo para expresar su creatividad o lo metas en la lavadora dentro de tus vaqueros.
El boleto debe estar en perfectas condiciones y ser legible para poder cobrar el premio. Aunque existe jurisprudencia de boletos deteriorados e incluso extraviados que han conseguido cobrarse, más vale no tentar tanto la suerte.

Ahora respira hondo y expulsa el aire despacio, hazlo varias veces hasta que te sientas más relajado. Trata de poner orden en tu cabeza. No sientas la presión de sentirte millonario porque gracias a que lo guardas en secreto, **sólo lo sabes tú.**

Por ahora nada ha cambiado en tu vida y todo está bajo control.

Esto te puede llevar horas, días o incluso semanas. No pasa nada, no hay prisa (en la mayoría de juegos tienes hasta tres meses para reclamar tu premio y en los juegos de la ONCE un mes), los primeros pasos que tomes son cruciales para tu futuro, por lo que más vale no precipitarse, porque una oportunidad así probablemente no la volvamos a tener nunca más.

Para empezar, **hay que quitar los pensamientos negativos** de tu mente. A pesar de que puedas estar asustado, no es una fatalidad que a uno le toque tanto dinero, sino todo lo contrario. La verdadera fatalidad radica en las decisiones precipitadas y poco meditadas que podrían desencadenar consecuencias no deseadas.

En esta etapa de reflexión, es crucial liberarte de cualquier inseguridad que pueda surgir. La duda y el temor pueden ser paralizantes y limitantes, y es importante recordar que eres capaz de tomar decisiones informadas y equilibradas. Aprovecha este período para educarte sobre las opciones que tienes a tu disposición, como inversiones, planificación financiera y asesoramiento profesional. La información puede ser tu mejor aliada en la toma de decisiones sabias y bien fundamentadas.

La terapia de construir una vida deseada radica en **la elección consciente de tus acciones.** En lugar de dejarte llevar por caprichos momentáneos o presiones externas, considera cómo puedes utilizar tu nueva posición para mejorar tu vida en todos los aspectos. Definir tus objetivos y trabajar hacia ellos te proporcionará un sentido a tu vida.

Es mejor tratar de seguir nuestros sueños que escuchar nuestros caprichos.

La verdadera riqueza se encuentra en la capacidad de vivir de acuerdo con tus valores, perseguir tus sueños y contribuir positivamente al mundo que te rodea.

Aprovecha este tiempo de reflexión para trazar un camino que esté alineado con tus deseos más profundos y que te permita florecer en todos los aspectos de tu vida.

Un plan de vida

Este es el momento propicio para realizar un ejercicio de introspección profunda y calmada. Pregúntate **qué deseas realmente en la vida, qué metas y aspiraciones tienes** y cómo este golpe de suerte puede contribuir a alcanzar esos objetivos. La riqueza debe ser una herramienta para construir una vida significativa y satisfactoria. Ganar la lotería te da la oportunidad de orientar tu vida hacia el camino que tú elijas. Es un recordatorio de que **el dinero es un medio y no un fin en sí mismo.**

Si haces el siguiente ejercicio que te propongo ahora (antes de volverte millonario), te ayudará a aclararte y a tener siempre los pies en la tierra.

Divide una hoja de papel en tres columnas; una será para el corto plazo (durante los próximos 5 años), otra el medio plazo (entre 5 y 10 años) y la última el largo plazo (a partir de 10 años). Ahora especifica cuáles son tus objetivos, intereses y deseos a corto, medio y largo plazo **para conseguir ser feliz.** Presta mucha atención, porque no te estoy pidiendo que enumeres todo lo que te comprarías cuando seas millonario. **NO.** Esto va más allá de lo material, ya que este será **tu plan de vida**, independientemente de que te toque alguna vez **la lotería o no.**

CORTO PLAZO	MEDIO PLAZO	LARGO PLAZO

Pongamos algunos ejemplos para que te quede más claro:

- Una meta a corto plazo podría ser decidir dónde te gustaría vivir, pero no hablo de metros cuadrados, ni de lujos, está claro que a todos nos gustan cuanto más, mejor. Mes estoy refiriendo al lugar donde tú te sientes realmente cómodo. No tiene sentido terminar viviendo en una mansión en una playa de Miami, solo porque todos los ricos viven allí, cuando tú realmente odias la playa y te encanta tu pueblo.
- Una meta a medio plazo sería a lo que te gustaría dedicarte en la vida, como formarte para esa profesión soñada o darle forma a ese proyecto profesional que de verdad te llena.
- Una a largo plazo, por ejemplo, sería la formación educativa que quieres darle a tus hijos; colegios donde te gustaría que estudiasen, universidades, formación en el extranjero, etc.

Tras tocarte la lotería es importante tener siempre presente esta lista. Trata de no modificarla según cambien tus intereses y síguela de forma estricta, porque con tanto dinero podemos perder nuestras referencias de **lo que de verdad nos ilusiona. Si tienes clara la idea de lo que es la felicidad para ti**, una inyección económica en tu cuenta, **jamás te perjudicará.**

Un estudio llevado a cabo sobre los ganadores de la lotería en Holanda concluyó que, efectivamente, aquellos que ingresaron más dinero se sentían más felices en ese momento. No obstante, con el paso del tiempo, volvían a sentirse como antes del premio, ya que, una vez cumplidos sus primeros deseos, volvían a fijar sus objetivos en cuotas más altas que se volvían inalcanzables para su riqueza.

Este fenómeno de adaptación a la nueva riqueza pone de manifiesto la importancia de la perspectiva y la gestión adecuada del dinero. Un gran premio de lotería te da la posibilidad de poder conseguir todos tus objetivos de forma inmediata y sin esfuerzo. Obtener todos tus deseos materiales de manera precipitada puede dejar un vacío emocional en lugar de una felicidad duradera. Es como si comieses en un buffet libre y colocaras en tu plato toda la comida que más te gusta y la "engulleras" toda a la vez; seguramente no conseguirías disfrutar de ninguna.

Tranquilo, debes controlar esas ansias. Ese dinero, bien gestionado, puede darte los caprichos que quieras durante toda tu vida y dejar la vida resuelta cuando faltes a la gente que amas.

El consejo crucial aquí es **la moderación y la planificación.**

Las ganas de disfrutar de ese dinero pueden ser contraproducentes, ya que pueden llevar a decisiones apresuradas que no aportan una verdadera sensación de satisfacción. En lugar de eso, adopta una mentalidad de disfrute gradual y sostenible. Cada gasto y elección financiera debería ser reflexionado y evaluado en términos de su valor y significado a largo plazo.

No tengas prisa por disfrutarlo, porque **lo que se disfruta rápido, se acaba rápido.**

Hay que ganarse el premio.

Lo más difícil de esta nueva etapa será **darle valor** a ese dinero, ya que como no te ha costado ningún trabajo conseguirlo, será muy sencillo también **"tirarlo" sin ningún tipo de trabajo.**

Porque, aunque no hayas invertido tiempo ni trabajo directo en la obtención del premio, **ganártelo, dependerá de cómo lo manejes a partir de ahora.**

Debes sentirte merecedor de este golpe de fortuna, pero también debes ser consciente de que ganar la lotería **es un acto de azar y suerte.**

Es tentador buscar razones o explicaciones que justifiquen por qué tú fuiste el agraciado, más allá de la pura casualidad. Sin embargo, atribuir el premio a algún tipo de mérito propio o destino especial puede llevar a una falta de realismo poco práctico en estos casos.

Aquí es donde entran en juego dos cualidades esenciales: **la sensatez y la paciencia.**

La sensatez te permitirá tomar decisiones racionales y bien fundamentadas sobre cómo gestionar el dinero. Evitarás caer en gastos impulsivos o inversiones arriesgadas que podrían llevar a pérdidas rápidas. La sensatez también te ayudará a apreciar las verdaderas necesidades y deseos en tu vida, lo que te permitirá destinar el dinero a áreas que realmente importan y que pueden generar satisfacción duradera.

Por otro lado, **la paciencia** se convierte en una virtud de valor incalculable. La tentación de gastar excesivamente puede ser fuerte, pero recuerda que el premio, si no genera ingresos, en algún momento se acaba. La paciencia también te da la capacidad de esperar y observar antes de tomar decisiones importantes. No hay prisa por gastar todo de inmediato; en cambio, dar tiempo para reflexionar y considerar todas las opciones te permitirá tomar elecciones más informadas y sólidas.

"Síndrome de la Riqueza Súbita"

De acuerdo con los psicólogos y expertos en finanzas, el proceso de adaptación a una inyección repentina de riqueza sigue un camino compuesto por varias etapas, cada una de las cuales presenta sus propios desafíos y oportunidades de crecimiento.

- La primera fase, a menudo llamada **"luna de miel"**, es un período de euforia y excitación. Es como enamorarse en una relación nueva; la emoción inicial puede nublar el juicio y llevar a decisiones impulsivas. Los ganadores de la lotería, en este momento, a menudo se sienten invulnerables y **creen que el dinero es infinito.** Como resultado, gastan en lujos y caprichos, a menudo sin considerar las consecuencias financieras a largo plazo. Esta etapa de excesos puede llevar a un agotamiento rápido del dinero si no se maneja con prudencia.

- A medida que la novedad se desvanece, entra la fase de **consolidación de la identidad**. Los ganadores comienzan a relacionar su identidad con su nueva riqueza, asumiendo que su valía está directamente vinculada a su estado financiero: **Soy Millonario**. Sin embargo, **la riqueza no define quiénes somos**. Igual que antes no éramos solo "pobres", ahora no somos solo "ricos". La verdadera identidad se construye en base a nuestras pasiones, logros, relaciones y valores personales. Tenemos dinero suficiente para ser lo que nos dé la gana; viajeros, estudiantes, empresarios, filántropos, etc. Mantener esta perspectiva evita caer en la trampa de ser solo "el rico" porque **eso sería realmente muy "pobre"**.

- Pasado un tiempo, llega la **fase de aceptación de la riqueza**. En esta etapa, los ganadores pueden sentir el peso de la responsabilidad y el miedo a perder la fortuna que han obtenido. Van viendo como va bajando el dinero de sus cuentas bancarias de forma alarmante y eso comienza a darles un cierto vértigo. La necesidad de establecer límites en el gasto se hace evidente, y algunos pueden experimentar sentimientos de culpa por los gastos excesivos iniciales. La madurez financiera implica enfrentar estas preocupaciones y tomar medidas para administrar el dinero de manera más sensata y sostenible.

- La etapa final es la de **administración**, donde los ganadores han llegado a una relación equilibrada y madura con su riqueza. Han aprendido a establecer objetivos financieros realistas y han asumido la responsabilidad de tomar decisiones informadas. El sentimiento de culpa por su buena fortuna se disipa y comprenden la importancia de una gestión financiera responsable y sostenible. Sin embargo, es importante tener en cuenta que llegar a esta fase puede ser un desafío, ya que implica superar los obstáculos y las trampas que pueden surgir en las etapas anteriores.

Desgraciadamente, suele ocurrir que cuando se llega a este último punto ya es demasiado tarde. Por eso, el objetivo de este manual es llegar a esa fase sin que se haya producido por el camino ninguna tragedia, monetaria, familiar o psicológica.

Para comenzar esta andadura, mi primer consejo es una variante del "Que no se entere nadie" del capítulo anterior y consiste en algo muy simple: **hacer pública una cantidad menor de la que realmente te ha tocado.**

6. HACER PÚBLICA UNA CANTIDAD MENOR

Mentalmente ya te sientes preparado. Ya has asumido con tranquilidad y sosiego la nueva vida que te espera, ¡por fin puedes gritar a los cuatro vientos que eres millonario!… **pero no tanto.**

Mi consejo es que hagas pública **una cantidad mucho menor** de la que realmente te ha tocado.

De todas formas, si prefieres correr el riesgo de hacer pública la cantidad real, sáltate este capítulo y continúa con el capítulo siguiente. En cambio, si prefieres la opción de contar una verdad "a medias", continúa leyendo.

Ocultar para siempre que te ha tocado un premio es absurdo, sobre todo porque antes o después se te notará el aumento de tu nivel de vida, provocando suspicacias entre la gente que te rodea y favoreciendo la creación de disparatadas habladurías sobre el origen turbio del dinero.
Tampoco tiene sentido guardar el secreto de que te ha tocado la lotería y no gastar ni un solo euro para que nadie sospeche que eres millonario, porque entonces ¿para qué quieres que te toque la lotería?
Considera este consejo de comunicar una cantidad menor como una estrategia inteligente para **proteger tu privacidad y tu paz mental a la vez que puedas disfrutar del dinero que te ha regalado la suerte.**

No necesariamente se trata de mentir, sino más bien de **establecer límites** sobre lo que informas de tu nueva situación financiera. La gente no necesita conocer los ceros de tu cuenta corriente y ante la pregunta de cuanto te ha tocado, es menos violento contestar con una cifra menor que con un "**a ti que te importa**".

Compartir una cifra más modesta puede ayudarte a **evitar la atención no deseada y las complicaciones** que pueden surgir con una cantidad excesivamente abultada. De esta forma no tendrás que ocultar durante más tiempo tu alegría y podrás darte algún capricho.

Sé que el tema de comunicar una cuantía menor es especialmente delicado **con tu círculo más cercano**, porque cada persona tiene sus propias expectativas y creencias de cómo repartirás el premio con ellos.

Si alguna vez la verdad de la cuantía del premio saliese a la luz, algunos pueden sentirse heridos por no haberles dicho la cifra real, culpándote de falta de confianza, pero es importante recordar que **es tu vida y tu dinero.**

Aquellos que te valoran por quien eres y no por tu cuenta bancaria entenderán que tienes tus razones para mantener cierta privacidad y deberían sentirse agradecidos con la ayuda que les puedas ofrecer, independientemente de la cuantía del premio.

La decisión de cuánta información compartes sobre tu premio es completamente tuya.

Tú eres el mejor confidente que existe para ti mismo

Al igual que te indiqué anteriormente, cuanta menos gente sepa la cantidad real del premio más sencillo resultará todo.

Lo ideal sería que sólo lo supieras tú.

Si decides contárselo a alguien, ten en cuenta que guardar un secreto de este calibre es complicado y dar esa responsabilidad a otras personas solo serviría para perjudicarles y en el peor de los casos podría ser un arma arrojadiza que podrían usar en tu contra a través de continuos chantajes a cambio de su silencio.

Mantener la cantidad real del premio en la más estricta confidencialidad puede simplificar enormemente la situación. En este caso, la discreción no solo es una virtud, sino también una medida de protección.

No solo se trata de mantener a raya a personas con intenciones cuestionables, sino también de preservar las relaciones con amigos y familiares. A menudo, cuando el dinero entra en la ecuación, los comportamientos cambian y pueden surgir tensiones innecesarias.

La importancia de ser tu propio confidente radica en que **puedes controlar tu propia historia**. Es muy complicado ponerse de acuerdo con más personas para que todos cuenten el mismo relato y es muy fácil caer en continuas contradicciones.

La paciencia es la madre de todas las ciencias

Debes esperar un tiempo prudencial para hacer pública la noticia de que has ganado un premio menor. Espera lo suficiente hasta que la noticia del bote multimillonario se haya olvidado y no puedan relacionarla contigo. Si lo haces demasiado pronto, la gente a menudo es rápida para conectar los puntos y podrían surgir preguntas incómodas. Si en tu barrio hay un acertante del Euromillones con 30 millones de euros y al día siguiente dices que a ti te ha tocado un millón en la bonoloto, ¡te has delatado tú solo!

Es durante este período de espera que debes ser particularmente discreto. Evita los cambios drásticos en tu estilo de vida, como la adquisición de objetos llamativos o caros. La sutileza es tu mejor aliada en esta fase. Por tanto, trata de no dar "el cante" mientras tanto y no te compres el "Rolex de oro" hasta que no hagas público que eres millonario.

El momento adecuado para revelar tu nuevo estatus como ganador de la lotería dependerá de múltiples factores, incluyendo la magnitud del premio y las circunstancias personales. Lo importante es sentirte seguro y preparado para lidiar con la atención que inevitablemente atraerás.

Ese plazo no es necesario en el caso de que la apuesta la hicieras por internet o en una administración de loterías lo suficientemente lejana cómo para no levantar sospechas. Aquí, la posibilidad de ser reconocido disminuye, sin embargo, incluso en estos casos, es importante medir bien tus acciones y asegurarte de que estás tomando decisiones informadas y conscientes.

Medita mucho la cantidad que vas a hacer pública

Este tema es complejo, porque esa cantidad debe ser lo suficientemente baja para que no te acarree los problemas que ya hemos analizado, pero lo suficientemente alta para poder empezar a disfrutar de las ventajas de ser millonario.

Buscar ese equilibrio no es fácil. Una estrategia útil para determinar la cantidad que vas a revelar es hacer un análisis exhaustivo de tus necesidades iniciales y deseos personales. Calcular cuánto necesitas para adquirir los caprichos que tenías en mente, como un nuevo coche o una casa, te dará una base sólida para establecer una cantidad. A partir de ahí, puedes agregar la cantidad que planeas destinar a regalos o donaciones. Esto te permitirá ser congruente en tus acciones y mantener una coherencia entre tus palabras y tus actos. Se consecuente con esto, y no regales a cada uno de tus tres hermanos 400.000 euros, cuando has dicho que solo te ha tocado un millón, la gente no es tonta y sabe sumar.

Tampoco es lógico que repartas más dinero a los demás que el que te vas a quedar para ti. Quizás te gustaría regalar mucho más, no te preocupes, ya lo irás haciendo más adelante poco a poco.

Otra de las ventajas que tiene hacer pública una cantidad mucho menor es que la gente valorará más tus regalos. Esta paradoja se debe a la percepción que las personas tienen sobre la generosidad y el tamaño del premio. **Es como si el regalo se empequeñeciese a cuanto mayor es el premio.** En el fondo la cantidad donada es la misma y les va a venir igual de bien en ambos casos, pero su percepción cambia.

No reaccionarán igual cuando regales 500.000€ creyendo que te ha tocado 1 millón de euros (¡Qué generoso es!, ¡nos ha dado la mitad del premio y nos ha solucionado la vida!), a que regales la misma cantidad sabiendo que el premio era en realidad de 50 millones de euros (¡Con los millones que le ha tocado y nos ha dado solo calderilla! ¡Eso somos para él, simple calderilla!).

Por supuesto, cada individuo tiene sus propias circunstancias y motivaciones, y **no existe una regla estricta que dicte la cantidad exacta que se debe hacer pública.**

Si te encuentras muy perdido en este asunto, y no tienes ni idea de la cifra que vas a hacer pública, yo aplicaría una norma muy simple, y sería quitar un 0 a la cifra real. Es decir, si te tocan 10 millones de euros, decir que te ha tocado solo uno.

La elección de cuánto revelar es tuya, y debe basarse en tus objetivos personales y valores.

Búscate una buena coartada

Cuando des la noticia, la gente querrá saberlo todo; te preguntarán a **que jugaste, cuándo, cuánto, dónde y que números.** Hoy en día, desde un móvil, se puede comprobar de forma instantánea si lo que dices es cierto o no. Es esencial que cada detalle cuadre y que no haya espacio para dudas o sospechas. La coherencia y la consistencia en tu relato serán claves para mantener la tranquilidad y evitar malentendidos. Por ese motivo **no dejes nada a la improvisación** y cuenta siempre la misma versión.

Elige un sorteo ya celebrado en el que la cuantía del premio se aproxime a la que tienes previsto hacer pública y adjudícatelo. La elección de un sorteo pasado te permitirá proporcionar detalles específicos sobre la fecha, el lugar y los números ganadores. La

Bonoloto, la Quiniela o la ONCE suelen dar premios menores que seguramente te cuadren con la cifra que tienes pensada. Esta coartada debería ser tan creíble como realista.

La autenticidad en los detalles es fundamental para que tu versión sea aceptada sin dudas.

Ten en cuenta que existe información del lugar exacto donde se ha sellado el boleto premiado, comprueba este dato y procura que sea creíble (no elijas el premio que ha caído en Canarias si jamás has pisado las islas). Si no encuentras sorteos recientes cuyos boletos se jugaron en administraciones relativamente cercanas, espera un poco hasta que se den esas circunstancias o elige un boleto premiado que se haya validado por internet.

Memoriza la combinación ganadora que has elegido y **la cifra exacta del premio** que se dio en aquel momento; se supone que son números que todos los afortunados llevan grabados a fuego en su memoria. Este nivel de detalle no solo aumenta la credibilidad de tu historia, sino que también refuerza la idea de que no estás improvisando.

Si tienes habilidad con el retoque fotográfico, puedes hacer un montaje del "supuesto" boleto ganador (es algo tan fácil como volver a hacer esa apuesta y cambiarle la fecha o taparla con tus dedos cuando hagas la fotografía), esto te ayudará a respaldar tu historia con pruebas visuales convincentes, ya que resultaría muy extraño no tener guardada una foto del "papelito" que ha cambiado tu vida.

En el caso de las apuestas realizadas por internet, la coartada se vuelve más sencilla, ya que no existe un boleto físico que mostrar. Sin embargo, debes asegurarte de que realmente haya existido un ganador que haya validado su boleto "on line" en el sorteo que estás utilizando como referencia. La verificación previa de esta información garantizará que tu historia tenga fundamento.

Evita en la medida de lo posible las conversaciones sobre el premio. Al principio es lógico que la gente sienta curiosidad, pero cuando todo el mundo conozca tu versión no es necesario repetirla una y otra vez. Si no te preguntan, no hables del tema. La confianza se construye a través de la coherencia y la autenticidad y contar la misma historia repetidamente no añadirá más credibilidad y al final puedes caer en cualquier contradicción o llevarte a situaciones incómodas.

Deja el yate para cuando la mar se tranquilice

Para que resulte creíble la cifra que has dado, no debes ser ostentoso, al menos al principio y sobre todo en tu barrio, luego con el tiempo, y debido a tus buenas inversiones (o eso pensarán los demás), no resultará extraño la mejoría de tu economía. Así tú también te irás aclimatando poco a poco a tu nueva situación. Pasar de un extremo a otro es muy peligroso. Es igual que la persona que lleva varios días sin comer, y en cuanto tiene la oportunidad se da un atracón; seguramente esa comida le sentará fatal.

La clave estará en ir aumentando tu nivel de vida de forma paulatina, **poco a poco**. Establece un periodo de adaptación, por ejemplo, de 5 años, tiempo suficiente para tener una perspectiva real de cómo hemos gestionado nuestro capital y si verdaderamente nos "merecemos" ciertos lujos. Comprobar esto es muy sencillo, si tras ese tiempo tenemos más dinero y patrimonio que cuando cobramos el premio, quiere decir que lo estamos haciendo muy bien, sino es así, seguramente no será un buen momento para tener gastos exorbitados.

Evita, en la medida de lo posible, comentarios públicos sobre lo que tienes, lo que te has comprado o lo que te vas a comprar.
Como parte de esta estrategia, asegúrate de que las redes sociales y los medios de comunicación no divulguen detalles que puedan facilitar a terceros el seguimiento de tu rastro financiero.

De todas formas, si tienes unas ganas inmensas de mostrar tu riqueza, pégate un viaje a la otra punta del mundo lejos de la mirada pública y pasa allí una temporadita. En ese lugar, dónde nadie te conoce, podrás desfogar tus ansias de "nuevo rico" de manera controlada, responsable y sin excesivas consecuencias negativas.

A partir de ahora va a madrugar el "Tato"

No es recomendable que dejes tu empleo en cuanto te toque la lotería, por muy tentador y placentero que pueda parecer la idea de hacerle un gran corte de mangas a tu jefe.

No es bueno realizar este tipo de cambios radicales en tu vida de forma tan brusca. Además de que nunca hay que cerrarse puertas, porque la vida da muchas vueltas y no sabes si en el futuro necesitarás volver a tu antiguo puesto de trabajo. Por mucho que te cueste madrugar cada mañana sabiendo todos los ceros que tiene tu cuenta corriente, oblígate a seguir yendo al trabajo durante un tiempo. Sería muy llamativo que de la noche a la mañana dejes tu trabajo, justo cuando hay un acertante de lotería suelto por tu barrio. Sería blanco y en botella para que todos sepan la cuantía de tu verdadera fortuna.

Mi consejo es que **poco a poco vayas dando forma a aquello a lo que quieras dedicarte en el futuro** y mientras tanto sigas sin faltar a tu trabajo. Mantener una rutina, incluso si no necesitas el dinero, puede brindarte una sensación de normalidad.

Si deseas dejar tu empleo de manera más elegante y con una justificación válida, espera una oportunidad adecuada, como una reducción de personal en la empresa. Esto te permitirá tomar la iniciativa y salir de manera voluntaria, evitando la necesidad de inventar razones que puedan sonar poco convincentes. Si no se da esa circunstancia, en el momento que tú te consideres preparado para dar el paso, podrás argumentar con buenas formas que has recibido una oferta con mejores condiciones (¡buenísimas condiciones!).

Es importante calcular tu libertad financiera, es decir, la cantidad de meses que esa fortuna te permite vivir sin trabajar manteniendo el nivel de vida actual o el que deseas llevar.

Para ello debes ser conciso con el capital del que dispones; no cuentes con los beneficios de futuras inversiones, porque ese dinero es hipotético y deja un fondo para emergencias.

Además, debes restar también el dinero que decidas **compartir con los demás**, ya que es un tema complicado y debemos medir sus consecuencias.

7. COMPARTIR EL BOLETO

Es muy común en muchos juegos que se juegue de forma compartida, de esta forma reducimos gastos al hacer la apuesta y compartimos ilusiones. En la teoría, y antes de que toque, parece una gran idea, pero en la práctica, el dinero y la avaricia sacan lo peor de cada uno de nosotros.

Puede suceder que la persona que atesora el boleto compartido decida en el justo momento de saber que está premiado, "pirarse" con todo el premio para él solo. Los juzgados están llenos de ejemplos como éste.

Cuando compartimos un boleto con otras personas, suele ser frecuente que se lleguen a acuerdos verbales basados en la confianza mutua y a los que no se les presta mucha atención por las remotas posibilidades que existen de que finalmente se gane un premio, pero estos acuerdos pueden volverse ambiguos o difíciles de probar cuando el premio se materializa. Aquí entra en juego la naturaleza humana, donde el egoísmo y la avaricia pueden nublar el compromiso inicial y llevar a conflictos legales., ya que donde dije digo, digo Diego y al final es tu palabra contra la mía.

Hay que tomarse en serio la posibilidad de que pueda tocar y, por tanto, es muy recomendable crear algún tipo de constancia física de dicho acuerdo que no deje lugar a dudas de la participación de sus integrantes. Un tribunal puede admitir como pruebas válidas una conversación de WhatsApp, fotos del boleto enviadas por mensaje, el testimonio de uno o varios testigos que corroboren esta versión o si el boleto está firmado por los participantes de la apuesta.

Asimismo, es muy aconsejable que se pague la parte correspondiente de la apuesta en el acto, ya que es la prueba irrefutable de que verdaderamente somos dueños de una porción del boleto. En cambio, si lo dejas para después de que haya transcurrido el sorteo, además de que te dará una tremenda pereza pagarlo en caso de no resultar premiado, te puede ocasionar muchos dolores de cabeza si finalmente se da el campanazo.

Mi consejo es **evitar en la medida de lo posible compartir boletos**.

A excepción de la lotería de Navidad, dónde existe un fuerte componente social y dónde el precio del boleto es alto, en el resto de juegos de azar no merece la pena realizar apuestas en grupo.

Es cierto que si al final el boleto resulta premiado puede ser muy "bonito" el poder compartir un momento tan feliz con personas en tu misma situación. Incluso hay personas que creen que por tener ese gesto de complicidad, será más fácil que toque, algo que por otra parte, no tiene ningún tipo de fundamento.
Igualmente, se piensa que al jugar en grupo, se pueden realizar mucho más apuestas por un precio más reducido, aumentando las posibilidades de premio, algo que cómo hemos visto anteriormente, no sirve de mucho con probabilidades tan bajas de acertar.

Lo que sí te aseguro, que en caso de ser premiado, **será bastante difícil guardar el anonimato**. Si ya es complicado cuando le toca a uno solo, imagínate cuando dependa de muchas personas.
Además de ser prácticamente imposible guardar el anonimato, también está el agravio comparativo; todos parten del mismo dinero y por tanto es fácil ver quien llevará una buena o mala gestión del mismo, entrando constantemente en comparativas y rivalidades sobre lo que cada uno hace con el dinero y como reparte el premio.

8. REPARTIR EL PREMIO

Lo primero que debes tener muy presente es que, una vez reconocida la titularidad del agraciado, **no tienes ninguna obligación legal, ética o moral de repartir tu premio.**

Te ha tocado a **TI** y puedes hacer con **TU** dinero lo que **TU** quieras.

Esto que parece tan obvio, no lo tienen tan claro aquellas personas que son fácilmente influenciables por chantajes emocionales. En muchas ocasiones, la presión social y el temor a generar conflictos pueden llevar a una sensación de obligación a compartir el premio. Un premio de lotería no es una herencia en vida que te obliga a dar una parte a tus hijos, padres, hermanos o amigos. Un premio de lotería es una cuestión de suerte y azar.

Es muy frecuente encontrarse con frases y comentarios que intentan influir en tus decisiones respecto al dinero que has ganado. Sin embargo, es esencial que no te dejes llevar por estas palabras vacías. Establecer límites y mantener la firmeza de tu voluntad es clave para evitar situaciones incómodas o desagradables.

Las promesas y suposiciones no tienen fundamento hasta que se convierten en acciones concretas y reales.

Haz caso omiso a frases como:

"Si me hubiese tocado a mí, lo hubiese compartido contigo..." Hablar es gratis y son meras palabras que suelen pronunciarse sin mucho peso detrás. La verdad es que hasta que alguien no se encuentra en la situación de ganar un premio, no puede predecir con certeza cómo actuará. Cada individuo tiene sus propias motivaciones y prioridades, y es importante recordar que tu premio es el resultado de tu elección personal.

"Yo siempre te he ayudado...": Todo el mundo se cree más generoso de lo que en realidad es y normalmente sólo recuerda los favores que hace, pero no los que ha recibido. Con este tipo de frase intentan generar sentimientos de culpa o presión indebida. Es crucial reconocer que la ayuda mutua entre amigos y familiares no debe traducirse en una obligación financiera. Los favores y actos de generosidad deben ser sinceros y desinteresados, y no deben utilizarse como moneda de cambio o como argumento para influir en tus decisiones sobre el premio.

"Te ha tocado por algo..." Esta idea tiende a atribuir el premio a factores externos o a una especie de destino predeterminado. Sin embargo, ganar en la lotería es una cuestión de probabilidad y suerte, y no necesariamente está relacionado con la moralidad o la necesidad. Te ha tocado porque compraste un boleto y has tenido muchísima suerte, punto.

"Con lo buena persona que eres seguro que lo repartirás con quien lo necesita, además cómo no te ha costado trabajo ganarlo, no te costará compartirlo..." No vas a dejar de ser mejor persona porque no repartas tu dinero. No eres una hermanita de la caridad y no figura en ninguna parte del boleto la obligación de repartirlo con los más necesitados.

Pero, aunque parezca contradictorio con todo lo anterior, te **animo**

a que compartas parte del premio.

La gestión del dinero es una oportunidad para decidir cómo quieres usar los recursos para mejorar tu vida y la de quienes te rodean.

Compartir el premio puede ser una experiencia gratificante y puede fortalecer los lazos familiares y de amistad. Si decides hacerlo, es importante hacerlo con el corazón abierto, sin sentirte obligado ni coaccionado por nadie.

Jugamos a la lotería porque queremos mejorar nuestra vida y sin duda, **hacer más felices a las personas que amas, te hará más feliz a ti.**

El que parte y reparte se lleva... un dolor de cabeza

La repartición del premio puede dar **muchos quebraderos** de cabeza. Existen múltiples enfoques que puedes seguir para repartir el premio, cada uno con sus propias consideraciones y consecuencias. La elección del método puede depender de tus valores personales, tus relaciones y las expectativas de quienes te rodean. Aquí hay algunos criterios comunes que podrías considerar:

- **Según quien más lo necesita:** Este enfoque puede ser una expresión de generosidad y compasión. Al ayudar a quienes están en situaciones financieras difíciles, puedes tener un impacto significativo en sus vidas. Sin embargo, también puede ser complicado determinar quién necesita más y quién menos, y cuales son los motivos por los que unos están más necesitados que otros (por vagos, por no ahorrar, por su mala cabeza, etc), lo que puede dar lugar a descontento o celos.

- **Por afinidad y cercanía:** Repartir el premio según la cercanía de tus relaciones puede ser una forma de reconocer y valorar los vínculos emocionales que tienes con las personas. Sin embargo, esto también puede causar problemas y puede haber gente que se sienta excluida o menospreciada si la dejas fuera de ese círculo cercano.

- **Según se hayan portado contigo y te hayan ayudado:** Reconocer a aquellos que han estado a tu lado en momentos difíciles puede ser un gesto significativo. Sin embargo, evaluar quién te ha ayudado y en qué medida, o analizar los motivos por los que otras personas no pudieron ayudarte, puede ser subjetivo y llevar a malentendidos.

- **Dividirlo en partes iguales:** Este enfoque puede parecer el más justo desde una perspectiva objetiva, ya que todos reciben la misma cantidad. Sin embargo, puede no ser apropiado en situaciones donde hay diferencias significativas en las necesidades financieras de las personas.

- **Echarlo a suertes:** Este método puede eliminar cualquier percepción de favoritismo y es completamente imparcial. Sin embargo, también puede causar frustración si alguien no recibe una parte del premio.

- **No repartir nada:** Es tu dinero y tienes el derecho de no compartirlo con nadie si así lo deseas. Sin embargo, esta decisión podría tener implicaciones en tus relaciones y podría generar resentimiento y enemistades.

Es importante que sepas, que hagas lo que hagas, y de la forma que lo hagas, **siempre serás criticado** y habrá gente que no quede conforme.
Es como las bodas, cortes por donde cortes la lista de invitados, siempre quedarás mal.

Si eres de las personas que les afecta que haya personas molestas contigo, prepárate y vete acostumbrando.

Las personas tienen expectativas diferentes y sus propias perspectivas sobre lo que es justo. Por lo tanto, es fundamental que tomes la decisión que mejor represente tus valores y objetivos personales.

Así que **nunca te justifiques** y no cambies esa repartición según las quejas que vayas recibiendo; **el dinero es tuyo y lo repartes cómo te da la gana.**

Otro factor para considerar es **la personalidad y la relación de cada individuo con el dinero.** Algunas personas son más responsables y prudentes con sus finanzas, mientras que otras pueden ser más impulsivas. Regalar grandes sumas de dinero sin considerar la personalidad de la persona receptora podría tener consecuencias nefastas. Por eso, es importante conocer a cada individuo y decidir cuánto dar en función de su capacidad para manejar el dinero y su reacción emocional ante esta situación. Sin pretenderlo puedes arruinarles la vida con tu regalo.

Lo primero que debes hacer es regalarles este manual (¡qué bien me vendo!). Luego procura darles una cantidad que les mejore el nivel de vida, pero que no signifique un cambio radical y se vuelvan locos con ese dinero. **No vayas a causarle con tu premio, todo lo que tú estás tratando de evitar que te pase a ti.**

¿Cuánto dinero es ese? Depende de cada persona. Tú, por la experiencia que estás viviendo y porque conoces a esas personas muy bien, seguro que sabrás cómo hacerlo a la perfección.

<u>El negocio familiar</u>

Explorar la posibilidad de emprender un negocio con familiares o amigos puede parecer una forma atractiva de ayudar y contribuir al bienestar de quienes te rodean. La idea de ser el socio capitalista y proporcionar empleo puede ser una manera de apoyar a tus seres queridos mientras también potencialmente generas ingresos para ti mismo. De esta forma, ellos también se sentirán realizados, porque no les estás regalando nada, sino que el dinero que obtienen es fruto de su trabajo. Sin embargo, esta decisión no debe ser tomada a la ligera, ya que conlleva ciertas implicaciones, tanto para las relaciones personales como para la salud financiera, y por eso...

No te lo aconsejo en absoluto.

Todos los negocios deben ser rentables y para ello su gestión suele llevar aparejados momentos de mucha tensión y toma de decisiones que generan conflictos. Convertirte en el jefe de tus familiares y amigos puede poner en riesgo las relaciones personales, ya que las dinámicas pueden cambiar y surgir conflictos donde antes no los había. La mezcla de roles y responsabilidades puede crear tensiones inesperadas y las situaciones difíciles pueden afectar tanto el negocio como la relación personal.

Al considerar abrir un negocio con seres queridos, es fundamental ser realista y objetivo en cuanto a la viabilidad del proyecto. Los negocios deben ganar dinero para ser sostenibles a largo plazo, y esto requiere una planificación cuidadosa y análisis financiero. Seguramente establezcas unos sueldos altos que les garantice a todos ellos un buen nivel de vida, y lo harás por una cuestión emocional, sin haber realizado un estudio previo sobre si esas nóminas son viables o si son proporcionadas respecto a las funciones que desempeñan. Además, son puestos de trabajo elegidos a dedo, sin un proceso de selección ni una demostración de su valía. Por mucho esfuerzo que pusieran en su labor, y por mucha estima que les tengas, seguramente la mayoría de ellos no serán los mejores profesionales realizando ese oficio y eso puede afectar negativamente la productividad y eficiencia, lo que impactará en la calidad del producto o en el servicio ofrecido.

Con todo este panorama va a ser difícil sacar ese negocio adelante y el saldo negativo de sus cuentas **pueden significar un gran lastre** en tu economía. Si llegado el momento tuvieses que cerrar esta empresa por resultar improductiva, emocionalmente te sería muy complicado hacerlo, ya que significaría dejar en la calle a tus familiares y amigos.

Incluso con una gran cantidad de dinero a tu disposición, mantener un negocio con pérdidas a largo plazo puede tener consecuencias muy negativas en tus finanzas generales. Si bien puede parecer que puedes permitirte este lujo, es importante recordar que el dinero mal invertido o mal gestionado puede disminuir considerablemente tu riqueza con el tiempo.

En lugar de abrir un negocio con familiares o amigos, considera alternativas que puedan tener menos riesgos desde el punto de vista financiero y de relaciones personales. Proporcionar apoyo económico de otras maneras, como ayudar a financiar educación, vivienda u otras necesidades, puede ser una forma más efectiva de contribuir al bienestar de tus seres queridos sin asumir las complicaciones y desafíos que conlleva un negocio conjunto, ya que al final **te puede costar más caro el collar que el perro.**

Existe el testimonio de una chica ganadora de lotería que decidió montar una zapatería para darle trabajo a sus familiares y amigos. Ella contaba que la experiencia resultó ser un completo desastre.
Los trabajadores no estaban comprometidos con el negocio, quizás porque sabían que la dueña era millonaria y no dependía de ese negocio para salir adelante. Sabían que lo hiciesen bien, o lo hiciesen mal, su puesto de trabajo no correría peligro y su motivación era nula. Constantemente se ausentaban del trabajo o no se tomaban su trabajo con profesionalidad. Ella pensaba que parte del problema fue que les "obligó" a trabajar en algo que no les gustaba.
Mantuvo el negocio abierto durante varios años, pero finalmente tuvo que cerrar la zapatería por todas las deudas que le estaba generando. Actualmente está enemistada con todos los miembros de su familia que allí trabajaron.

Repartir con hacienda

Es muy importante ser consciente de las **implicaciones fiscales** que conlleva **repartir el premio.**
En este sentido, la ley es clara: si decides compartir tu premio con familiares o amigos, **se considera una donación** y, como tal, puede estar sujeta a impuestos.

El sistema tributario puede variar **según la comunidad autónoma** en la que residas, y las tasas impositivas pueden variar dependiendo de **cuanto vas a donar** y del **grado de parentesco**. En algunos casos, las tasas pueden ser elevadas, alcanzando hasta un 34% del valor donado.

Una estrategia comúnmente empleada para evitar la carga fiscal asociada a las donaciones es **establecer la titularidad compartida del boleto desde el principio**.

Esta práctica consiste en repartir la propiedad del boleto en función de las porciones que se quieren regalar. Por ejemplo, supongamos que deseas regalar un millón de euros a tu madre de un premio total de 10 millones. En este caso, **en el justo momento de cobrar el premio**, debes declarar que tu madre es dueña del 10% del boleto. Por tanto, **es clave tener muy claro antes de ir a cobrar el premio, cuánto dinero vas a repartir y a quien**.

Es importante destacar que esta acción no se considera fraude de ley ni evasión fiscal, sino una forma de planificar tu situación tributaria de manera adecuada.

Un ejemplo cotidiano del error de no usar esta estrategia es el caso de la lotería de Navidad, en la que muchos participantes comparten décimos. En ocasiones, se cobra el décimo y posteriormente se procede a su reparto entre los beneficiarios, con el consiguiente varapalo de hacienda.

Así que, antes de dar cualquier paso, asegúrate de consultar a un asesor financiero o legal para estar seguro de las implicaciones y opciones disponibles según tu situación y lugar de residencia.

La gente necesitada y ONGS

Esto significa repartir tu dinero con gente que no conoces.

La idea de destinar parte de tus ganancias a ayudar a personas necesitadas o a organizaciones benéficas es noble y puede generar un impacto positivo en la sociedad. La generosidad es una cualidad admirable, pero también es importante ser consciente de la posibilidad de fraudes y manipulaciones. Los medios de comunicación están llenos de historias sobre estafas y engaños en el campo de las donaciones. Te asombraría la falta de escrúpulos de la gente, mintiendo sobre niños enfermos, argumentando una falsa pobreza, o inventándose catastróficas y tristes historias que **buscan tocar tu vena sensible para llegar a tu bolsillo.**

Que tengan las siglas ONG, como se ha comprobado en repetidas ocasiones, no garantiza ningún tipo de honradez. No todas son igual de transparentes y efectivas en el manejo de los fondos que reciben. Antes de hacer una donación, investiga sobre la ONG, su misión, sus programas y su historial de trabajo. Busca reseñas, informes de auditoría y evidencia de cómo han impactado positivamente a la comunidad. Además, es una buena idea contactar directamente con la organización para hacer preguntas y aclarar cualquier duda que puedas tener.

También habrá gente que no te mientan sobre su necesidad de ayuda, pero buscarán **aflorar tu sentimiento de culpa** para que lo hagas. Querrán hacerte sentir culpable de quedarse en la calle por no haberles ayudado a pagar su hipoteca o de que le corten la luz y pasen frío por no pagarles su recibo, o de que sus hijos no tengan para comer porque no le has dado dinero para la cesta de la compra. Esos chantajes emocionales son una herramienta muy utilizada para obtener donaciones, y es importante establecer límites claros para evitar caer en esta trampa. Sentir empatía por las dificultades de los demás es natural, pero no debes sentirte culpable ni obligado a ayudar a alguien que usa esa estrategia de manipulación. Cada individuo es responsable de sus decisiones y circunstancias, y aunque es positivo tender una mano amiga, no se puede esperar que una única persona resuelva todos los problemas de los demás. **Lo excepcional de una mala racha no puede convertirse en la norma.**

Tampoco digo que te cierres en banda para las donaciones. No estaría bien que pagasen justos por pecadores.

Por una buena causa merece la pena ayudar. Te generará muy buenas sensaciones y te hará sentirte muy bien contigo mismo. Además, debes consultarlo con tu asesor fiscal porque hay donaciones que pueden deducir impuestos.

No voy a decirte que cantidad donar y ni mucho menos a quien, esa elección es completamente personal y debe estar alineada con tus valores y creencias, pero si lo haces, te aconsejo que sea una organización que conozcas, que trabajen sobre algo que **sientas cercanía**, y puedas comprobar in situ cómo se ha invertido correctamente tu dinero.

Ayuda, sí, pero no te obsesiones, que te quede claro que no existe lotería, por muy cuantiosa que sea, para arreglar todos los problemas que existen en el mundo. Lo que si es cierto es que puedes contribuir a hacerlo un poco mejor.

Aunque para poder compartir el premio, primero **tendrás que ir a cobrarlo.**

9. COBRAR EL PREMIO

Cobrar un premio de lotería es un momento muy emocionante, pero hay aspectos prácticos y legales que debes tener en cuenta para asegurarte de que el proceso de cobro se realice de manera correcta y sin contratiempos.

¿Cuánto se lleva hacienda del premio?

No debes preocuparte en reservar dicha cuantía, ya que el premio te lo entregan con el impuesto descontado.

Actualmente la cantidad del premio libre de pagar tributos es hasta 40.000 €. **Por la cantidad que exceda de esos límites habrá que pagar un 20%** al fisco. Imaginemos que te toca en la lotería de Navidad el gordo de 400.000 €, los primeros 40.000 € están libres de impuestos y a los 360.000 € restantes le aplicas el 20%, por lo que finalmente cobrarías 328.000 € quedándose hacienda con 72.000.
Sinceramente considero que publicitar una cuantía como premio que realmente no cobras, es hacer publicidad engañosa, ya que es el estado el que te da el premio, pero al mismo tiempo es el propio estado el que te quita una parte.

Además de los impuestos directos sobre el premio, es esencial tener en cuenta cómo se gestionarán los posibles ingresos o intereses que ese dinero pueda generar una vez esté en tu cuenta bancaria. Estos beneficios generados por el dinero del premio pueden estar sujetos a impuestos por separado, lo que significa que debes ser consciente de cómo invertir o gestionar esos fondos para cumplir con tus obligaciones fiscales.

¿Qué plazo tengo para cobrarlo?

Los plazos varían según el tipo de juego y la entidad responsable. En general, para los juegos de loterías y apuestas del estado, tienes hasta **TRES MESES** para cobrar el premio desde el día siguiente al último sorteo en el que participó tu apuesta. En el caso de la ONCE, el plazo es más corto, solo es de un mes. Es esencial estar atento a estas fechas para no perder la oportunidad de recibir tu premio.

¿Cómo cobrarlo?

Si el premio es compartido entre varios titulares, como familiares, amigos o compañeros, es importante que todos los agraciados se presenten para identificarse en la entidad financiera. Esto es crucial para evitar malentendidos y asegurarse de que el premio se reparte correctamente entre los beneficiarios. En casos donde el grupo sea numeroso, y por conveniencia, se puede designar a un representante para realizar los trámites en nombre de todos. En este caso, es necesario que el apoderamiento se realice mediante un documento público ante un notario, lo que brinda seguridad y certeza legal en la distribución de los fondos.

Si realizaste tu apuesta por internet, la forma en que recibirás el premio es más directa. El dinero se transferirá a la cuenta bancaria que proporcionaste al registrarte en la plataforma de juego. En general, los sistemas bancarios suelen procesar estas transferencias en un plazo de tres días hábiles, lo que significa que tendrás acceso a tu premio en poco tiempo.

¿Dónde cobrarlo?

Si el premio es inferior a 2.000€ puedes cobrarlo en cualquier administración de loterías. Sin embargo, cuando el premio supera esta cantidad, debes acudir a una entidad financiera autorizada. Las instituciones financieras que están habilitadas para el cobro de premios incluyen algunos de los principales bancos en España.

Entidades financieras autorizadas:

- BBVA
- Caixa Bank

Recuerda que en las entidades financieras no podrán hacer efectivo el pago del premio sin recabar de los ganadores de los premios la documentación e información necesaria para dar cumplimiento a las obligaciones legales de identificación (normativa sobre prevención de blanqueo de capitales y de la financiación del terrorismo, normativa fiscal o normativa de cualquier otra índole que resulte de aplicación).

Por otro lado, las entidades financieras **no podrán cobrar ningún tipo de gasto ni comisión** por realizar el pago de los premios. Tampoco podrán obligar al jugador agraciado a abrir cuenta alguna en dicha entidad. Si el premio es considerable, podría ser tentador para algunas entidades intentar captar tu atención ofreciéndote productos financieros adicionales. Asegúrate de preguntar sobre cualquier posible comisión y condiciones antes de proceder.

- **Una entidad bancaria no asociada**, seguro que no tienen ningún inconveniente en recogerte el boleto premiado y cobrarlo por ti, pero es probable que te ofrezcan salir de la oficina con una nueva cuenta "nada corriente" a tu nombre.
Te aconsejo que antes de presentar tu resguardo, desvelando la cantidad del premio, pregunta directamente si te van a cobrar algún tipo de comisión, ya sea por cobrar el premio en sí o por la política

que sigue el banco en estos casos (piensa, por ejemplo, que una comisión de un 1% en cien millones de euros es un millón de euros). Si la respuesta es que no te cobran nada, adelante. Si en medio del proceso te dicen que hay un pequeño gasto que no habían tenido en cuenta, recuerda que siempre puedes abortar la misión y decir que, bajo esas condiciones, prefieres ir a consultar con otro banco.

No te dejes intimidar, el dinero es tuyo.

Esta vez, a diferencia de otras veces en el pasado, tú **eres el que tiene la sartén por el mango.**

No nos quedará más remedio que dejar depositado nuestro dinero en algún banco, ya que cobrarlo íntegramente y guardarlo en casa es una temeridad. Lo que sí te recomiendo es evitar ingresar el premio en tu banco de toda la vida, por mucha confianza que tengas con ellos, porque así será muy difícil conservar el anonimato.
Ve al banco de la capital más cercana, a poder ser la oficina central y trata de hablar con el director y que te firme un contrato de confidencialidad antes de dar tus datos.
Otra opción es firmar el contrato de confidencialidad con un abogado y que sea este tercero quien tramite el cobro.

Para los bancos eres el cliente ideal, una "perita en dulce" con muchísimo dinero, temerosa y sin formación financiera. Tener tu dinero en sus arcas les generará muchísimos beneficios y harán todo lo que sea necesario para captarte como cliente. Se acabaron las colas frente a una ventanilla. Directamente pasas a un banco distinto, un banco solo para ricos. Estás en la **Banca Privada**.

A partir de ese momento empezarás a comprender el cambio que el dinero puede significar en tu vida.

Te atenderán en un cómodo sillón mientras te sirven tu bebida favorita y te cuentan como con ellos podrás ganar muchísimo dinero sin tener que preocuparte por nada (gran error, porque en el momento que dejes de preocuparte por tu dinero, habrás perdido el control de tu capital).

Te harán creer que estás "en tu casa" y te harán sentir importante, pero recuerda que sigues estando en un banco; el mismo banco que no te perdona una cuota de tu hipoteca y te desahucia si es necesario dejándote en la calle sin ningún miramiento, ese que te deniega un préstamo cuando más lo necesitas o el que tiene atados los bolígrafos con una cuerdecita para que no te los lleves.

Son encantadores de serpientes e intencionadamente te hablarán en un vocabulario técnico incomprensible para ti, intentando provocar que afloren los miedos de tu ignorancia y hacerte sentir totalmente dependiente de su gestión. Se cauto, no firmes nada, no te comprometas en nada con ellos, que te expliquen de forma clara sus comisiones.

Te "regalarán" entradas VIP para ver a tu cantante favorito o abonos en el mejor palco del estadio de tu equipo de fútbol, viajes de ensueño, coches de alta gama e incluso lujosas casas. Imagínate cuánto pueden ganar ellos con tu dinero para poder ofrecerte ese tipo de obsequios. Por mucho que te agasajen con magníficos regalos, ten siempre presente que no son Los Reyes Magos y que en los negocios, **nadie ofrece algo a cambio de nada.**

La frase que te repetirán continuamente será; "si tú ganas, ganamos todos" y es cierta, pero la frase "**si tu pierdes, nosotros ganamos de todas formas**" también es verdad, aunque lógicamente, la omitirán.

No cometas el error de confiar ciegamente en ellos y ten siempre en cuenta que **su trabajo consiste en ganar dinero a costa de tu dinero y que su prioridad son sus beneficios independientemente de los tuyos.**

Por tanto, elegir quien va a gestionar tu patrimonio a partir de ahora, será tu primera gran inversión.

10. COMO INVERTIR

Cuando hablo de invertir, me refiero a una cantidad insultante de millones de euros. Con un premio inferior, entre tapar agujeros, quitarte la hipoteca, darte algunos caprichos y echarle una mano a tu gente, ¡adiós premio! Si te queda algo, es mejor que no lo arriesgues mucho, porque tener siempre unos ahorros a los que poder acudir en caso de emergencia te dará mucha tranquilidad en tu día a día.

Un estudio de las universidades de Kentucky, Pittsburgh y Vanderbilt (EE.UU.) demuestra que quienes ganan grandes premios tienen la misma probabilidad de arruinarse que los que ganan premios modestos. La diferencia, simplemente, es que unos tardan más años que los otros en perder el dinero. Además, señala que las personas con problemas para gestionar su economía doméstica también los tendrán para administrar un ingreso repentino importante.

La mentalidad de pobre

Tenemos muy interiorizado ciertos patrones de comportamiento y actitudes que contribuyen a mantenernos siempre en una situación económica desfavorable, influenciada por una variedad de factores, muchos de los cuales están fuera de nuestro control, pero que nos penalizan constantemente:

- **Falta de educación financiera:** Cómo nunca hemos tenido dinero en abundancia, creemos que no necesitamos aprender nada sobre su administración y pensamos que su gestión cosiste sencillamente en **ganarlo y gastarlo.**

- **Ausencia de planificación a largo plazo:** Lo que se llama "**Vivir al día**". La falta de una planificación financiera a largo plazo puede llevar a una dependencia constante de ingresos inmediatos y eso conlleva que no se puedan aprovechar oportunidades para mejorar la situación económica en el futuro.

- **Consumo impulsivo:** Comprar una televisión más grande que tu salón. Comprarte ropa de marca con un logotipo bien grande (preferiblemente de animal; cocodrilo, caballo, ganso...) aunque cueste diez veces más que la que no tiene marca. Comprarte un móvil que te cuesta un mes de sueldo a pesar de que los móviles más baratos sirven para lo mismo. Comprarte un coche de alta gama que tardarás más en pagar que la hipoteca de tu casa (o comprarte un coche de alta gama sin ni siquiera tener casa). **Todas estas compras las hacemos tan solo por aparentar que poseemos lo que realmente no nos podemos permitir.** La tendencia a gastar dinero en bienes no esenciales o lujos en lugar de ahorrar o invertir puede perpetuar un ciclo de escasez y dificultar la acumulación de riqueza.

- **Falta de inversión en formación:** Requiere mucho sacrificio buscar tiempo para estudiar cuando todo tu tiempo lo tienes que dedicar a trabajar para poder vivir, además, hacer ese sacrificio no te garantiza nada, y sino que se lo pregunten a todos esos jóvenes que a pesar de tener una gran formación solo optan a empleos precarios. Pero no invertir en la adquisición de habilidades y conocimientos que puedan mejorar las perspectivas laborales, puede limitarte mucho las oportunidades de progreso económico.

- **Circulo social limitado y por tanto, escaso acceso a redes y oportunidades:** Los patos con los patos y los cisnes con los cisnes. El clasismo y elitismo consiste en eso, en que las personas con un alto poder adquisitivo sólo se relacionen con otras personas de alto poder adquisitivo, ayudándose y retroalimentándose entre ellos y dejando fuera a todo los que no pertenezcan a su círculo social. Por tanto, la mayoría de las veces el ascensor social no funciona y al no pertenecer a ese selecto "club", tendrás un acceso limitado a redes profesionales y buenas oportunidades laborales, lo que dificulta tu ascenso económico.

- **No buscar ayuda o asesoramiento profesional:** Algunas personas, por orgullo absurdo, por no admitir su desconocimiento, o simplemente por desconfianza, se resisten a buscar asesoramiento profesional, lo que les impide acceder a recursos y conocimientos que podrían mejorar su situación económica y al final, piensan que su cuñado, ése al que se le dan muy bien los números, les pueden ayudar igualmente y más barato que un auténtico profesional.

- **Enfoque en el corto plazo:** Hoy cobro mi sueldo y compro jamón ibérico, aunque sepa que a final de mes no voy a tener ni para chóped. Priorizar la satisfacción inmediata en lugar de considerar las implicaciones a largo plazo de las decisiones financieras puede dificultar la acumulación de activos y riqueza.

- **Limitación de perspectivas:** Haga lo que haga y me esfuerce lo que me esfuerce, jamás voy a salir del agujero en el que me encuentro porque el sistema siempre favorece al que tiene dinero. Este pensamiento es muy común para justificar tu pobreza. Mantener una mentalidad negativa en relación con las posibilidades de mejorar tu situación, puede frenar la búsqueda de oportunidades.

- **Dependencia de deudas y préstamos:** Eso significa pagar a plazos cualquier cosa (porque así ni te enteras) y "tirar" de tarjeta para todo (porque creemos que así es más fácil comprar). Esto puede crear un ciclo de deuda que se vuelve difícil de romper, conduciendo a una lucha financiera constante e infinita.

- **Falta de emprendimiento o innovación:** Las trabas burocráticas, la falta de financiación y saber que no te puedes permitir fracasar porque no levantarías cabeza jamás, hacen que sea muy difícil pensar en emprender cómo una opción para buscarte la vida cuando no tienes nadie detrás que te apoye económicamente. Esa falta de iniciativa para explorar oportunidades empresariales o nuevas formas de generar ingresos, puede limitar el potencial de crecimiento económico.

Tu primera gran inversión

La falta de educación financiera y hábitos de gasto poco saludables pueden poner en riesgo incluso las sumas más considerables.
Por eso te aconsejo que te hagas con los servicios de un **asesor independiente** que no rinda cuentas a ninguna entidad bancaria que te asegure un consejo objetivo y alineado con tus intereses.

La contratación de alguien que te asesore correctamente se convertirá en una inversión en sí misma.

Un profesional que te ayude a entender las implicaciones tributarias, a planificar estratégicamente tus inversiones y a tomar decisiones informadas puede ser fundamental para preservar y hacer crecer tu patrimonio.
Además de sentirte respaldado, te da la gran ventaja de contarle a la familia y amigos que el dinero te lo gestiona un gestor de patrimonios. De esa forma, será más fácil decirles un "NO" cuando te pidan determinados favores.

Existen asesorías que engloban servicios de inversiones, fiscalidad y legalidad (Family Office). Infórmate que asesorías gestionan de forma eficiente las grandes fortunas de famosos y millonarios. Entrevístate con varias. Divide tu capital entre las más atractivas y somételas a un periodo de prueba para comparar sus servicios, asesoramiento y precios, pero sobre todo aprovecha para formarte, tienes que aprender a **pensar por ti mismo** porque:

Nadie te va a pagar el dinero que pierdas tras haberte aconsejado mal.

La inversión **no es solo saber multiplicar tu dinero, sino también es saber protegerlo** y asegurarte un futuro financiero sostenible tanto para ti, como para tus futuras generaciones.

<u>Nociones básicas para invertir</u>

No tener ni idea de finanzas e impuestos, puede significar empezar tu nueva vida perdiendo mucho dinero.

No soy un experto financiero y supongo que tú tampoco, por este motivo le doy tanta importancia a la decisión de **contratar buenos profesionales.** De todas formas, tener ciertas nociones generales puede serte de gran utilidad para comprender mejor los consejos que recibes y tomar decisiones informadas en conjunto con tus asesores.

- **Diversifica**. La diversificación es un principio básico en el mundo de las finanzas que busca minimizar el riesgo al no depender de una sola fuente de inversión. Aplicar esta estrategia a tu nueva fortuna es esencial. Es el famoso **"no tengas todos los huevos en la misma cesta"**. Llévalo a su extremo. No tengas todo tu dinero en un solo banco, ni en un solo país, ni en una sola moneda. No tengas un solo gestor para todo tu capital. Distribuye tu dinero en diferentes activos como acciones de distintos sectores, plazos fijos en varios bancos y letras del tesoro de diversos países que puedan ofrecerte una mayor seguridad a largo plazo. También compra cosas tangibles como terrenos, casas, arte u oro y ten algo de efectivo por si surge alguna emergencia, hazte con una buena caja fuerte y un buen sistema de seguridad.

- **No vayas de visionario**, porque te puede costar caro. Tu fortuna puede hacerte creer **que eres más inteligente de lo que realmente eres,** pero recuerda que ese dinero te ha llegado por azar y no por ser un portento de las finanzas.
Muchas oportunidades que se presenten pueden parecer atractivas, pero recuerda que **no todo lo que brilla es oro.** El consejo más sensato es tratar cualquier propuesta de inversión con escepticismo y someterla a un análisis riguroso por parte de tus asesores.
Se te acercarán personas que quieren que inviertas en su idea o en su negocio. Seguramente antes de acercarse a ti han sido rechazados por inversores con mucha más experiencia y conocimiento que tú... por algo será.

- **Antes de comprar, vender o cualquier tipo de transacción que vayas a realizar, consúltalo con tus asesores.** Realizar la gestión de tu capital de una forma u otra puede significar un gran ahorro fiscal. Comprobarás que vas a pagar mucho dinero en impuestos. Nuestro sistema tributario es solidario y eso se traduce en que los que más ganan, más deben aportar al erario público, y tú ahora estás ganando mucho. Conseguir pagar menos impuestos **dentro de la legalidad** es otra forma de ganancia, es lo que se denomina ingeniería fiscal.

- **Paga a tus asesores una cuantía fija** y no un porcentaje de los beneficios. Aunque a priori puede parecer que con un porcentaje pueden estar más motivados, en realidad ellos no asumen ningún riesgo. "Apuestan" con tu dinero, no con el suyo. Por tanto, para ganar más querrán invertir en productos altamente rentables, pero muy volátiles y con un alto riesgo, lo que equivale a muchas probabilidades de pérdida. Esta medida alinea sus intereses con los tuyos y evita incentivar inversiones arriesgadas. Mantén siempre presente que tu objetivo principal es proteger y hacer crecer tu patrimonio de manera sostenible, y no ganar dinero rápido a toda costa.

- **No juegues a ser empresario.** La mayoría de empresarios se han preparado mucho para serlo y además lo tienen como rasgo de su personalidad, pero incluso poseyendo estas cualidades, no tienen ninguna garantía de éxito en sus negocios, de hecho, muchos se han arruinado alguna vez en su vida. Imagínate tú, que seguramente desconozcas completamente ese mundo.

Puede hacernos ilusión tener nuestra empresa, generar empleo, ser jefe y tener personal a nuestro cargo, incluso podría darnos una gran satisfacción si además conseguimos que la empresa de beneficios.

Pero eso requiere mucho tiempo y dedicación además de muchísimos quebraderos de cabeza. A no ser que de verdad haya sido la ilusión de tu vida montar ese negocio propio, y por tanto, no te pese todo el tiempo que le vas a tener que dedicar, me olvidaría de esta opción.

Por muy aburrido que estés y no sepas que hacer con tu tiempo, hay miles de formas menos estresantes de tirar tu dinero.

- **Invierte sólo en lo que conozcas.** Esto te evitará sorpresas y sobre todo te dará capacidad de reacción cuando surjan imprevistos. El conocimiento de un área o sector te genera una base sólida para tomar decisiones informadas. La educación financiera es una herramienta muy valiosa para evitar sorpresas y tomar decisiones más acertadas. Si conoces poco, **infórmate y fórmate**, trata de aprender y comprender antes de tomar cualquier decisión. **La ignorancia siempre será tu principal enemigo.**

- **Diferencia claramente un gasto de una inversión.** El gasto te vacía el bolsillo de forma permanente en el tiempo. La inversión te lo vacía al principio, para luego en teoría (de ahí las buenas o malas inversiones) llenártelo más.

- Ejemplo de gasto; un automóvil, desde que sale del concesionario su precio se devalúa constantemente, además del gasto que te puede ocasionar su mantenimiento.

- Ejemplo de inversión; una obra de arte de un autor consagrado que se va revalorizando con el tiempo.

Uno de los fallos más frecuentes de los nuevos ricos es que no realizan una **previsión de los gastos** que les puede ocasionar la adquisición de un bien. En el momento de la compra no son conscientes de que su nueva mansión no pagará la misma factura de electricidad, ni tendrá el mismo gasto en conservación, ni tributará por los mismos impuestos que su antiguo piso de 60 m2.

El problema de los artículos de lujo no es su precio, sino el coste de su mantenimiento.

- **No asumas riesgos innecesarios y ve a lo seguro.** Las inversiones cuanto más dinero prometen, mayor es el riesgo, además de que muchas de estas inversiones son un fraude y sólo pretenden estafarte. No seas codicioso, **tienes dinero de sobra**, no necesitas invertir en ese gran chollo para volverte millonario **¡porque ya lo eres!**
Es cierto que un plazo fijo o las letras del tesoro dan una rentabilidad muy baja, pero seguro que es mucho más dinero que el que recibes en tu nómina actual. Recuerda que **rentabilidades pasadas no garantizan rentabilidades futuras.**

- **Trata de gastar sólo de los beneficios, y de éstos sólo una parte.** Pongamos un par de ejemplos para que se entienda mejor.

Imagina que te toca en la Primitiva 25.625.000 euros. Hacienda te quita el 20% por lo que dispones de 20.508.000€ para gastar.
En el momento de cobrar los 20,5 millones tienes muy claro que por fin podrás vivir como un auténtico multimillonario.
Te compras una mansión (3.000.000€) con un garaje lleno de deportivos (1.000.000€) y una yeguada de ejemplares de pura raza (1.000.000€). Adquieres un yate (500.000€) y varias viviendas de lujo en lugares privilegiados para veranear (1.500.000€). Quitas de trabajar a tus padres y hermanos realizando mensualmente a modo

de sueldo un cuantioso ingreso en sus cuentas corrientes (500.000€), además de algún que otro regalito en forma de casa y automóvil (1.000.000€). También decides echarles una mano a varios de tus mejores amigos y familiares pagándole su hipoteca y obsequiándoles con algún presente (1.500.000€). Comienzas a vivir con un alto nivel de vida; ropa cara, cenas en restaurantes lujosos, vacaciones espectaculares, personal a tu servicio, etc. (500.000€).

Seguro que más de una vez has soñado con algo parecido al comprar tu boleto.

A pesar de todo lo que has gastado, aun te quedan 10 millones de euros para invertir. No hay que ser *Warren Buffett* para conseguir un 10% de beneficio en inversiones relativamente seguras. Estás muy satisfecho; te has comprado todo lo que has querido, vives como un marajá y encima vas a recibir un millón de euros de beneficio de tus inversiones al finalizar el año.

Tu preocupación comienza cuando te das cuenta de todos **los gastos fijos** que has adquirido.

Tienes que pagar los impuestos de todas tus nuevas posesiones, los sueldos mensuales que has asignado a tus familiares, el mantenimiento de la mansión, de las casas de veraneo, de los deportivos, de los caballos, del yate, del personal de servicio y de tu alto nivel de vida.

Haces cuentas, y ves que no tienes suficiente con la rentabilidad que te ha dado tu capital y tienes que darle "un pellizco" al dinero que ibas a usar para invertir al año siguiente, de tal forma que al invertir menos dinero, los beneficios también disminuyen.

Además, cada año tendrás más gastos, porque **ser millonario es caro** y cada vez querrás más lujos.

Es lo que se denomina **"adaptación hedónica"**, que es la tendencia de las personas a estar "siempre insatisfechas", y **necesitar siempre más y más para sentirse felices**. En pocos años tu riqueza se convertirá en deudas.

En la siguiente tabla he ido incrementando el gasto en 150.000€ cada año y podrás observar los nefastos resultados pasada una década.

Año	Capital	Beneficios	Gastos	Total (C+B-G)
1º	10.000.000 €	1.000.000 €	1.200.000 €	9.800.000 €
2º	9.800.000 €	980.000 €	1.350.000 €	9.430.000 €
3º	9.430.000 €	943.000 €	1.500.000 €	8.873.000 €
4º	8.873.000 €	887.300 €	1.650.000 €	8.110.300 €
5º	8.110.300 €	811.030 €	1.800.000 €	7.121.330 €
6º	7.121.330 €	712.133 €	1.950.000 €	5.883.463 €
7º	5.883.463 €	588.346 €	2.100.000 €	4.371.809 €
8º	4.371.809 €	437.181 €	2.250.000 €	2.558.990 €
9º	2.558.990 €	255.899 €	2.400.000 €	414.889 €
10º	414.889 €	41.489 €	2.550.000 €	**-2.093.622 €**

Ahora veamos el otro ejemplo:

Partiendo del mismo premio que el caso anterior (20.508.000 tras el palo de hacienda), decides que en un principio "sólo" vas a gastar durante el primer año 500.000€. Además, vas a seguir el consejo de este manual de "hacer pública una cantidad menor" y esa será la cifra que vas a comunicar a todo el mundo que supuestamente te ha tocado.

Es cierto que comparado con la cifra total del premio parece una ridiculez, pero no debes dejar **que la lluvia de millones te impida ver el valor real del dinero**. Si eres mileurista, necesitas 40 años trabajando (toda una vida laboral), sin gastar absolutamente nada para poder acumular medio millón de euros.

Para celebrar que te ha tocado ese dinero en la Primitiva te llevas al caribe un par de semanas a tu familia y amigos (28.000€). Terminas de pagar tu hipoteca (150.000€) y te compras otra casa para ponerla en alquiler (200.000€). Cambias tu coche por uno más seguro y fiable, pero sin ser excesivamente ostentoso (50.000€). Para ese primer año decides darte una paga extra todos los meses de 6.000€ para vivir más holgadamente.

Observa que **apenas estás generando gastos fijos**, sino todo lo contrario; a ese "sueldo" tendrías que sumarle el dinero que ya no gastas en hipoteca y el que recibes del alquiler de la otra casa que acabas de comprar, por lo que dispondrías para gastar unos 7.500€ al mes, ¿conoces a mucha gente con un sueldo así? No podrás encenderte puros con billetes de quinientos euros, pero creo que este plan tampoco está mal.

Por tanto, ahora tienes para invertir los 20 millones restantes, justo el doble que en el ejemplo anterior.
Usando el mismo escenario positivo en el que se conseguía un 10% de beneficios al año en inversiones, podrás obtener unas ganancias de 2 millones de euros.
Como ves, **la clave está en crearte un presupuesto de gastos y ser capaz de ceñirte a él**.

Tras finalizar el año, decides que por lo bien que lo has hecho, vas a incrementar tu presupuesto anual de gasto para el año siguiente hasta los 150.000€ ¡Enhorabuena, acabas de doblar tu sueldo! ¡Dispones de 12.500€ para gastar al mes! Con esa nómina ya te puedes permitir caprichos más caros o ayudar a algún conocido que esté en apuros.
No sólo has incrementado el dinero que puedes gastarte respecto al año anterior, sino que además el capital para invertir ha aumentado y por tanto, también los beneficios. Así cada año, de forma exponencial, serás cada vez más rico y dispondrás de más dinero para gastar.

Es lo que se denomina **el efecto multiplicador del dinero.**

Hay que ser paciente y **dejar los grandes caprichos para más adelante.** Cuando tengas más experiencia y conocimientos podrás empezar a correr más riesgos.

Es cierto que el dinero llama al dinero, pero debes poner de tu parte.

Para poder realizar este plan correctamente te debes mentalizar; **olvídate de la cuantía real del premio** y céntrate en disfrutar esa mejoría económica **de forma progresiva.**

Por ejemplo; si pasas de tu modesto y viejo coche a un deportivo valorado en 250.000€, te has dejado en el camino el haber disfrutado y valorado la mejoría que significa pasar a conducir un coche nuevo de 50.000€, luego a otro de 100.000€ y más adelante a uno de 150.000€.

Como en el ejemplo anterior, en la siguiente tabla he ido incrementando el gasto por año en 150.000€. No conozco muchos trabajos dónde hagan esas subidas de sueldo anuales.

Puedes fijarte el gasto que quieras, siempre y cuando **no supere los beneficios,** cuanto más bajo sea, más crecerá el dinero y viceversa.

Antes de decidir tener un gran gasto, plantéate lo siguiente; **nunca arriesgues algo importante para ganar algo que no lo es.** Es decir, cuando compres algo, piensa que ese algo te debe compensar mucho, ya sea emocional o económicamente, porque ese dinero que te acabas de gastar, desde ese mismo instante, **ha dejado de trabajar para ti.** Es lo que se denomina **costo de oportunidad.**

Si te fijas, las dos grandes diferencias entre ambos ejemplos son **los gastos iniciales y los gastos fijos** que generan.

Año	Capital	Beneficios	Gastos	Total (C+B-G)
1º	20.000.000 €	2.000.000 €	150.000 €	21.850.000 €
2º	21.850.000 €	2.182.000 €	300.000 €	23.732.000 €
3º	23.732.000 €	2.364.200 €	450.000 €	25.646.200 €
4º	25.646.200 €	2.546.620 €	600.000 €	27.592.820 €
5º	27.592.820 €	2.729.282 €	750.000 €	29.572.102 €
6º	29.572.102 €	2.912.210 €	900.000 €	31.584.312 €
7º	31.584.312 €	3.095.431 €	1.050.000 €	33.629.743 €
8º	33.629.743 €	3.278.974 €	1.200.000 €	35.708.717 €
9º	35.708.717 €	3.462.872 €	1.350.000 €	37.821.589 €
10º	37.821.589 €	3.647.159 €	1.500.000 €	39.968.748 €

Cómo puedes comprobar, según este ejemplo, al cabo de 10 años tu cuenta corriente ha aumentado hasta casi los 40 millones de euros, doblando de esta manera el dinero del premio. Además, trascurrido ese tiempo, dispones para gastar 1,5 millones de euros, lo que supone "un sueldo" de 125.000 euros al mes, o lo que es lo mismo, más de 4.000 euros al día.

En pocos años podrías incluso comprarte la mansión o el yate solo con el dinero de los beneficios mientras que no para de crecer tu capital.

La riqueza se mide en tiempo no en dinero. Una persona no es rica por el dinero que tiene, ni mucho menos por el que gasta, sino por el que le llegará en el futuro.

Si tienes la suficiente paciencia y actúas con sentido común, seguro que te vuelves inmune a la famosa "**maldición de la lotería**".

11. LA MALDICIÓN DE LA LOTERÍA

"Ten cuidado con lo que deseas porque puedes tener la mala suerte de que se cumpla"

No hay mejor forma para asentar estos nuevos conocimientos que con ejemplos prácticos. Mi primera opción fue analizar la experiencia de aquellas personas que han llevado correctamente sus finanzas tras tocarle un gran premio para buscar un patrón a imitar, y que gracias a esa buena administración vivían mucho más felices que antes.

Desgraciadamente escasean.

Creo que esto se debe a que las personas que han llevado una buena gestión de un gran premio tratan de hacer todo lo posible por guardar su anonimato, por lo que esa **discreción** nos da ya una pista del secreto de su éxito. Además, es mucho más sensacionalista y vende más la noticia del que se arruinó tras tocarle la lotería que la noticia del que le va bien.

Por tanto, advierto, que al ser mayoría los testimonios de la gente que le fue mal, podemos sacar unas conclusiones sesgadas y crearnos un concepto negativo del hecho de ganar la lotería, cuando no lo es. De hecho, el propósito de este "manual" es que no lo sea en absoluto.

Mi única intención con enumerar y analizar estos casos reales sacados de la prensa es tratar de aprender de sus errores, aunque dicen que el hombre no escarmienta en cabeza ajena.

A continuación, te presento los '**SIETE PECADOS CAPITALES** " de los ganadores de loterías:

SOBERBIA

La prepotencia y la ostentación:

"William Post consiguió once millones de euros en la Lotería de Pensilvania, en 1988. Mientras que su ex-novia le demandó e intentó arañar algo de su fortuna, al tiempo que varios familiares lo convencían de invertir en un negocio de autos y restaurantes que resultaron ser un fracaso, su hermano fue detenido por contratar a un sicario para matarle. Se declaró en bancarrota y sobrevivió con 300 euros al mes. Murió en enero de 2006, con sólo 66 años y tras haber dicho: "Era más feliz cuando estaba sin blanca".

"Jeffrey Dampier ganó 13.600.000 euros en la lotería de Illinois en 1986, y eso le costó la vida. Dampier llenó de regalos a su familia y a sus amigos, pero eso no fue suficiente para algunos. En 2005, fue secuestrado y asesinado por su cuñada, Victoria Jackson y su novio, quienes lo forzaron a entrar en una camioneta y le dieron un disparo en la nuca".

Un tonto y su dinero no están juntos mucho tiempo. Cómo señalaba la novelista Madame Riccoboni "**El dinero no cambia a los hombres, simplemente los desenmascara**". Si alguien era humilde y respetuoso antes de adquirir riqueza, es probable que siga siéndolo después. Sin embargo, si alguien tenía tendencias arrogantes o prepotentes, el dinero puede magnificar esos rasgos. Digamos que con muchos millones en tu cuenta corriente es muy fácil que afloren tus aires de grandeza.

Dicen que no hay nada peor que **un "muerto de hambre" harto de comer.**

Los ganadores de lotería tienden a pensar que son más listos que los demás y que por ese motivo han conseguido tanto dinero. Es cierto, que la riqueza suele ser sinónimo de inteligencia y astucia, pero solo cuando ha sido el resultado de ejercer esas cualidades. Se atribuyen el mérito de algo que fue por pura fortuna y se meten en negocios para los que no están preparados. Recuerda que tú no has hecho nada extraordinario para merecer ese premio, no eres más inteligente ni más sabio que los demás, tan solo tuviste suerte, y no tienes nada de lo que alardear.

Desde la posición de poder que nos da el dinero, la gente tiende a complacernos, a prestarnos más atención, a aceptar más fácilmente nuestros argumentos, y a reírnos las gracias. Todo ello masajea y cosquillea nuestro ego, que exige su ración diaria de adulación, porque es insaciable. El problema es que este narcisismo deforma nuestra perspectiva de las cosas, empequeñece nuestra visión, y nos hace más vulnerables al volvernos más predecibles y manipulables. Como expresa el escritor M. Chicot: **"Nada nos ensordece tanto como nuestras propias palabras"**. Es esencial para las personas ricas reconocer este riesgo y esforzarse por mantener una perspectiva equilibrada de sí mismos y de los demás.

A veces los premiados creen que merecen estar mejor rodeados y el trato hacia las personas que pertenecen a un nivel socioeconómico más bajo cambia. Sin ser muy conscientes de ello, caen en una actitud arrogante, altiva e incluso cruel con las amistades de toda la vida. Percibe a los demás como seres inferiores y a sus nuevos «colegas ricos», como personas valiosas con las cuales debería compartir más tiempo.

Pero, por el contrario, esos nuevos "colegas ricos", los mirarán mal: cuando te toca la lotería, te mudarás a una urbanización exclusiva y tus vecinos te despreciarán. Aquellos que ahora te rodean viven ahí porque en algún momento trabajaron y supieron invertir su dinero, sin embargo, lo primero que pensarán sobre ti es que no te mereces el dinero que tienes.

A esto se le suma **la ostentación** de la que hacen gala "los nuevos ricos".
                Tú ya sabes lo que tienes, disfrútalo.

No es necesario que lo menciones cada vez que hables con alguien, no hace falta que enseñes tu casa, tu coche y los lujosos restaurantes donde cenas a todo el mundo a través de tus redes sociales. No ganas nada generando envidias y resentimientos, todo lo contrario, por envidias se han cometido amenazas, agresiones en incluso asesinatos.

Recuerda siempre **que la mayoría de la gente quiere que a los demás les vaya bien, pero nunca mejor que a ellos.**

Cuando una persona ve a otra conduciendo un deportivo, no piensa en los sacrificios y esfuerzos que habrá tenido que realizar para conseguir comprarlo, o en lo afortunado que es, sino simplemente les da coraje que ellos no puedan tener ese coche y le rayan la carrocería para fastidiarlo.
La envidia es el deporte nacional, no la fomentes.
Y no creas que te tienen envida porque no te conocen, pueden tenerte envidia personas muy cercanas a ti, que incluso te quieren mucho, como familiares o amigos.

También ten mucho cuidado con las promesas que se lanzan al aire del tipo "como me toque la lotería te pago la hipoteca" creyendo que nunca te tocará, porque cuando la gente sepa que eres el afortunado ganador, esperarán que las cumplas.
Existe la anécdota de un ganador de lotería que en plena euforia de saberse millonario prometió pagar la renta de alquiler de ese mes a todos sus vecinos. Finalmente, no cumplió su promesa y sus vecinos lo denunciaron y ganaron la demanda.

GULA

Gastarse todo el dinero en tiempo récord:

"Michael Carroll ganó 11 millones de euros en 2002 cuando sólo tenía 19 años. Se compró cuatro casas en Reino Unido, una en España, dos BMW, dos Mercedes y unas cuantas acciones del Glasgow Rangers. Cometió unos cuantos delitos menores, entre los que destaca la posesión de cocaína. En 2006, fue condenado a nueve meses de cárcel después de que amenazara a dos jóvenes con un bate de béisbol. No le ha quedado nada".

El dinero que entra rápido sale rápido. Ese dinero no lo percibimos como nuestro y por eso lo despilfarramos ya que no lo asumimos como una pérdida. Es una fortuna ganada sin esfuerzo y por tanto **sin esfuerzo la gastamos.** En resumen, **el dinero tiene menos valor para quienes lo ganan sin sudar.**

Entre la euforia y la falta de costumbre se cometen muchos errores. El primero de ellos suele ser que estas personas tienen la sensación de que el dinero fluye interminablemente y eso puede llevar a un gasto impulsivo y poco reflexivo. La comodidad y la complacencia pueden ser tus peores enemigos. No te acostumbres a un estilo de vida extravagante que no puedas mantener a largo plazo. Mantén una perspectiva realista y sostenible sobre tus finanzas.

Cuando toca la lotería, uno de los motivos que explica por qué el dinero se va tan rápido, además de por la deficiente educación financiera, es por la dificultad de cambiar de economía libidinal, es decir; **el esfuerzo que nos supone salir de nuestra zona de confort.** Esto significa que cuando estamos acostumbrados a manejarnos con un determinado nivel de angustia, inconscientemente buscamos aquellas situaciones que nos la proporcionan y así sentirnos cómodos. Por tanto, cuando alguien se ve con tanto dinero, trata de gastarlo rápidamente en lugar de invertirlo, y así puede volver a quejarse de la situación en la que vive.

Hacerse adicto al juego:

"Evelyn Adams ganó la lotería 2 veces. En 1985 y 1986. Según The Times, la probabilidad de ganar dos veces la lotería es una entre 17 trillones, pero la suerte no fue suficiente para que ella no tuviera más preocupaciones. Desgraciadamente, esta mujer de Nueva Jersey confiaba tanto en la suerte que se gastó sus casi 3.700.000 euros en juegos de azar. Ahora vive en una casa rodante".

El momento en el que ves tus números entre los premiados, sientes un subidón de adrenalina y endorfinas único e irrepetible. Crees que absolutamente todos tus problemas se van a solucionar de un plumazo.

Pocas veces en tu vida te vas a sentir tan feliz como en ese momento.

El mecanismo que se activa en tu cerebro se denomina **refuerzo positivo variable** y ocurre cuando recibimos una recompensa no esperada, lo que proporciona mucho más "placer", que una recompensa prevista (por ejemplo, la alegría que te da encontrar dinero olvidado en el bolsillo de tu chaqueta).

Pero según va pasando el tiempo, tu situación se normaliza. Comprobarás que hay problemas que se han solucionado, otros que no y que además ahora existen problemas nuevos. Por tanto, esa sensación de euforia va disminuyendo hasta desaparecer. Tú quieres volver a sentir esas emociones de inmensa felicidad, por lo que vuelves a jugar una y otra vez. Como se ha ganado anteriormente, desaparece el sentimiento de culpa, ya que estás gastando un dinero que te puedes "permitir" perder.

Se genera un deseo incluso antes de empezar a jugar, sobre el cual la persona no tiene control (ludopatía).

Es curioso comprobar como suben las ventas de décimos de lotería de navidad en las administraciones donde cayó el gordo el año anterior (cuando las probabilidades de que eso se repita son mínimas) y cómo los agraciados de algún premio compran una gran cantidad de décimos para el año siguiente, como si fuese lógico que les volviese a tocar.

Has ganado la lotería y te crees que eres distinto a los demás porque eres afortunado. Piensas que a partir de ese día **la suerte siempre te acompañará**. Cuando finalmente eres consciente de que ese golpe de suerte fue algo excepcional, puede ser ya demasiado tarde.

Para evitar esto, los psicólogos aconsejan estar **al menos un año sin jugar** tras ganar un gran premio. Esto permite que la euforia inicial disminuya y brinda tiempo para reflexionar sobre las verdaderas prioridades en la vida.
Si el único motivo que tenías para jugar era para volverte millonario y ahora lo eres ¿para qué quieres seguir jugando?

Adicción a las drogas:

"Callie Rogers en 2003, y con sólo 16 años, ganó 2,5 millones de euros en la lotería. Ahora, con 22, sólo le quedan 22.000 €. El mismo año en que Rogers recibió el premio, comenzó una turbulenta relación con un expresidiario con quien tuvo dos hijos; se colocó implantes mamarios, realizó regalos a sus familiares y se gastó 250.000 € en cocaína. Intentó suicidarse 3 veces".

"En 2002 Jake Whittacker ganó 315 millones de euros en la lotería. Donó dinero a fundaciones benéficas al poco de ganar el premio, pero luego le arrestaron por conducir borracho, gastó casi 70.000 euros en un club de striptease, le robaron cerca de 375.000 euros que llevaba en el coche y luego le trincaron otros 137.000. Sufrió varias demandas, una de ellas por amenazar de muerte a un camarero, y sufrió la pérdida de su nieta quien murió de sobredosis porque gastaba en drogas los 1.500 euros que Whittacker le daba cada semana. La muerte de su propia hija, en 2009, es una causa que no se esclareció aún".

Y os dejos también una famosa frase de George Best, legendario futbolista norirlandés:

"Gasté mucho dinero en cocaína, alcohol y mujeres. El resto lo malgasté."

Parece que esta frase fue la que inspiró a nuestros protagonistas.
Si para ti una buena fiesta sólo se da con drogas "porque tú siempre controlas", no te preocupes, tendrás muchísimas fiestas y gente que te quiera acompañar. Pero ten en cuenta que te habrás metido el premio de la lotería por la nariz más rápido de lo que imaginas.

Lo de la adicción a las drogas es un clásico entre los ganadores de lotería que fueron a la quiebra. Piensa que te has convertido en el cliente ideal para los camellos. **Con tiempo libre, ganas de pasarlo bien y mucho dinero para gastar.** Te buscarán y te insistirán, una y otra vez. Si no consiguen convencerte, lo intentarán con alguien de tu círculo íntimo y a los que tú podrías ayudar a pagar ese vicio (hermanos, hijos, nietos…) y quizás ellos sean más fáciles de convencer.

Con tanto dinero, caer en cualquier tipo de vicio es lo más fácil del mundo, por tanto, trata de invertir tu tiempo en actividades constructivas, ya que puedes tener las aficiones que te dé la gana, no elijas aquellas que te puedan hacer daño.
Sé inteligente y trata de evitar el camino fácil a tu autodestrucción.
Aquí te ofrezco algunos consejos para mantenerse alejado de estas trampas:

- Autocontrol y educación: El autocontrol es esencial cuando se trata de evitar vicios y adicciones. La educación es la clave para entender los riesgos asociados con el abuso de sustancias y otros comportamientos autodestructivos. Tómate el tiempo para informarte sobre los efectos perjudiciales de las drogas y el alcohol, así como de otros posibles vicios.

- Busca apoyo: La soledad puede ser un caldo de cultivo para caer en adicciones. Mantente conectado con amigos y familiares que te apoyen en tu viaje hacia una vida más saludable. Si sientes que estás luchando contra un vicio, busca ayuda profesional o grupos de apoyo donde puedas compartir tus experiencias y obtener orientación.

- Hobbies constructivos: En lugar de buscar la emoción de las fiestas con drogas, considera invertir tiempo en pasatiempos constructivos y saludables. La pintura, la música, el deporte o el voluntariado son excelentes formas de llenar tu tiempo libre y encontrar satisfacción.

- Evita las malas influencias: Las personas con adicciones a menudo intentarán arrastrarte a sus hábitos destructivos. Mantente alejado de quienes intenten presionarte para que te unas a comportamientos nocivos.

- Planificación y metas: Establece metas claras y planes para tu futuro financiero. Esto puede ayudarte a mantenerte enfocado en objetivos más grandes y a largo plazo en lugar de buscar gratificación instantánea a través de vicios. Si tienes metas significativas, es menos probable que caigas en hábitos autodestructivos.

- Ejercicio y bienestar: El ejercicio regular y el cuidado de tu bienestar físico y mental son esenciales. La actividad física libera endorfinas, que pueden generar sentimientos de euforia naturales y saludables. Además, mantener un cuerpo y mente sanos puede proporcionarte una base sólida para tomar decisiones más sabias.

- Conciencia financiera: Comprende el valor de tu dinero y cómo afecta tu vida. Las adicciones pueden drenar tus finanzas rápidamente, lo que puede llevarte de nuevo a problemas económicos. Siéntete empoderado al tomar decisiones financieras informadas y responsables.

AVARICIA

Ser codicioso:

"Shefik Tallmadge un día de 1988, gastó los únicos cinco dólares que tenía en su bolsillo en comprar un billete de lotería, y permaneció sin un centavo hasta que quince días después ganó más de 4.500.000 euros y se dio a la gran vida viajando por Asia y África. Compró coches deportivos de lujo y se dedicó a invertir mal, muy mal, porque se declaró en bancarrota en 2006".

Se denomina codicia al afán desmedido de una persona por tener riquezas y bienes. La codicia es una fuerza poderosa que puede nublar el juicio y llevar a comportamientos imprudentes, especialmente cuando uno se encuentra en una situación de repentina abundancia, como ganar la lotería o heredar una gran suma de dinero.

Dicen que **el dinero es cómo el agua del mar, que cuanto más se bebe, más sed da.**

Ten en cuenta que a veces tener mucho dinero, puede parecer poco. Accederás a un mundo de lujos que ni imaginabas. Si comienzas a hacer planes, viajes y acudir a fiestas privadas organizadas por gente más rica que tú, por muchos millones que tengas, puedes llegar a sentirte el más pobre de todos los que te rodean.

La codicia o avaricia te fuerza a apostar alto para maximizar tus ganancias y anula tu capacidad para percibir el riesgo.

Cuando inviertes mal en repetidas ocasiones debes analizar los motivos que te llevaron a realizar dicha inversión. Si lo motivos fueron únicamente tus ansias de dinero, debes tener cuidado con eso, porque puedes ser presa fácil de embaucadores.
No tomes decisiones a la ligera y trata que no te nuble la mente los suculentos beneficios que prometen. Si sientes la tentación de gastar

en exceso o invertir en oportunidades dudosas, tómate un tiempo para reflexionar. Evita tomar decisiones financieras importantes cuando estés emocionalmente cargado. Dale tiempo a tu mente para analizar las implicaciones a largo plazo. Cuanto más comprendas los conceptos financieros, menos vulnerable serás a las promesas de ganancias rápidas y excesivas.

Es importante reconocer cuando la codicia está comenzando a influir en tus decisiones y hacer un esfuerzo consciente por contrarrestarla. **Establece límites claros para ti mismo.** Decide cuánto estás dispuesto a gastar, invertir o donar, y no te desvíes de esos límites.

LUJURIA

Divorcios:

"Willie Hurt, antes de ganar 3,1 millones en 1989, era un hombre de Michigan que estaba felizmente casado, tenía una vida social activa y era un padre ejemplar. Dos años más tardes se había gastado todo el dinero en su divorcio y en cocaína, fue acusado de asesinato y perdió el contacto con su familia".

"En 2011, David y Angela Dawes ganaron 120 millones de euros en el sorteo del Euromillón. El matrimonio británico se convirtió en la 720 pareja más rica de Reino Unido. Los Dawes, además de bromear sobre los coches y mansiones que iban a comprarse, anunciaron que iban a dar 1 millón de libras a cada uno de los 20 amigos y familiares que más les habían apoyado a lo largo de sus vidas.
Ahora, según informa la prensa británica, están en proceso de separación. Como tantas parejas ganadoras de la lotería, los Dawes empezaron a discutir sobre las cosas en que iban a gastarse el dinero y con quién exactamente iban a compartir el premio.

Según han explicado varias personas cercanas a la familia, David empezó a echarle en cara a su mujer que estaba gastando demasiado dinero, y la cosa se fue de madre. Ahora ha congelado todas sus cuentas para que su mujer no pueda disponer del dinero libremente (pese a que fueron los familiares de ésta los que menos dinero recibieron)".

Decía Ortega y Gasset **"Yo soy yo y mis circunstancias"** y tus circunstancias y la de tu pareja han cambiado radicalmente, por lo que ambos ya no sois las mismas personas de las que os enamorasteis. Tendréis que poneros de acuerdo en la toma de muchas decisiones y eso siempre es complicado generando mucha tensión en la pareja; la repartición del premio, de qué forma se va a gastar, los caprichos de cada uno, etc. A esto se le suma el tema infidelidades. Vas a tener muchísimas tentaciones, porque el dinero "nos vuelve" a todos mucho más atractivos e interesantes.

La base de cualquier relación sólida es la **comunicación**. Después de ganar la lotería, es esencial mantener canales de comunicación abiertos con tu pareja. Habla sobre tus deseos, expectativas y preocupaciones en cuanto al dinero. La comunicación efectiva ayudará a prevenir malentendidos y conflictos.
Trabaja en conjunto para establecer un **plan financiero** sólido que refleje los valores y metas de ambos. Esto incluye cómo administrar el dinero, presupuestar gastos y tomar decisiones financieras importantes. Un plan financiero puede proporcionar una estructura que reduzca la incertidumbre y el estrés.

Aunque puede parecer frío, considera la posibilidad de redactar un **acuerdo prenupcial** que defina cómo se manejarán los activos en caso de una ruptura. Esto no significa que no confíes en tu pareja, sino que es una precaución inteligente para proteger los intereses de ambos.

La gestión de una fortuna repentina puede absorber tu tiempo y energía, pero no dejes que esto te aleje de tu relación. Continúa haciendo esfuerzos para mantener viva **la chispa romántica** en tu pareja. Dedica tiempo de calidad juntos, sorprenderos mutuamente y muestra tu aprecio.

Si sientes que la tensión financiera está afectando seriamente tu relación, considera la posibilidad de buscar la ayuda de un **terapeuta** de pareja. Un profesional puede proporcionar orientación objetiva y estrategias para abordar los problemas y fortalecer la relación.

Aunque estés en una relación, es importante mantener tu propia identidad y espacio personal. La **independencia** emocional y financiera es valiosa, incluso en una pareja. No te sientas obligado a gastar o invertir tu dinero de la misma manera que tu pareja si eso no refleja tus propias metas y valores.

El dinero puede **atraer tentaciones**, y esto puede poner en peligro tu relación. Habla abiertamente sobre las **expectativas de fidelidad** y compromiso en tu relación. La confianza mutua es fundamental.

Utiliza esta nueva fase de tu vida para crecer como individuo y como pareja. Invierte tiempo en actividades y experiencias que fortalezcan tu conexión emocional y tu entendimiento mutuo.

Ganar la lotería puede ser un desafío para una relación, pero también puede ser una oportunidad para fortalecerla. La clave es abordar estos cambios juntos, con empatía, respeto y amor. Recuerda que el dinero es solo un aspecto de la vida, y la calidad de tus relaciones y tu bienestar emocional son igualmente importantes.

Si en circunstancias normales el amor hay que regarlo todos los días para que no se marchite, tras tocarte la lotería, tendrás además que abonarlo y ponerlo en un lugar soleado para que florezca con más fuerza.

ENVIDIA

Cuando todo el mundo se entera de que eres millonario:

"Francisco Delgado era un humilde panadero treintañero del pueblo de Pilas cuando en 2011 ganó 121 millones de euros. El boleto lo validó en un centro comercial de Sevilla capital, al que fue de compras con unos amigos. A los pocos días, Francisco se dispuso a comprobar su boleto en la administración de su pueblo. Su sorpresa fue mayúscula cuando comprobó que se había convertido de repente en una de las personas más ricas de España. Según informaron los testigos que se encontraban en dicha administración, tuvieron que reanimarlo porqué sufrió un desmayo. Al día siguiente, una larga cola de personas rodeaba su casa con la intención de "felicitarle".

Se ha comprado una casa en Miami y vive allí, aunque también se ha comprado un dúplex de lujo en pleno centro de Sevilla, muy cerca de la Giralda, desde cuyo garaje sale de vez en cuando con un rutilante Porsche azul. La vivienda está valorada en 1,2 millones de euros y tiene 172 metros cuadrados además de una terraza de 100 metros con piscina.
Tiene el grueso de su capital, unos 75 millones de euros, invertido en tres sicavs que gestiona importantes fondos de inversión. También se dice que ha retirado de trabajar a sus padres o ha comprado un chalé a cada una de sus tres hermanas: Maru, Lola y Maribel.

Tiene pareja y se llama Rosario. La conoció mucho antes de que le tocara el premio. Ella, de Villamanrique de la Condesa, un pueblo a 6,5 kilómetros de Pilas, se dedicaba a limpiar casas, entre ellas la de una de las tres hermanas de Francis.
El españolísimo pecado de la envidia también afecta al nuevo rico. Por ejemplo, se ha dicho que tanto él como su padre

murieron en un accidente de tráfico al volante de su Porsche. En el caso de Delgado, nada de esto es cierto.

El alcalde de esta localidad, Juan Jesús Cruz, espera por su parte que Delgado aparezca un día con la intención de ayudar un poco a su pueblo, que sufre una tasa de paro superior al 25%. "Sin apenas gastar un duro, puede hacer mucho por la historia de Pilas", dice Cruz, que espera que el multimillonario se acuerde de la localidad en la que ha trabajado y vivido la mayor parte de su vida. Otros vecinos del pueblo, sin embargo, le critican, algunos diciendo que "es muy miserias" al negarle la ayuda al asilo de la localidad, otros lo defienden porque "los del asilo nunca le habían comprado ni un bollo".

Si tenías alguna duda de por qué es aconsejable guardar el anonimato, creo que tras leer este testimonio, se te habrán despejado todas.

Nadie hubiese sospechado que Francisco Delgado era el ganador, porque la apuesta la hizo en Sevilla y no en Pilas. Podría haber guardado el secreto perfectamente **si hubiese comprobado la apuesta tranquilamente en su casa.**

Sin embargo, cometió el gran error de hacerlo en la administración de loterías de su pueblo y esto hizo que la noticia corriera cómo la pólvora. Al final (como ocurre en muchos casos) este chico tuvo que marcharse de su pueblo.

Si vives en un pueblo pequeño, incluso guardando el secreto, puede ser que finalmente tengas que marcharte si pretendes disfrutar de ese dinero, ya que es complicado explicar esa repentina mejoría económica. Pero existe una gran diferencia, y es que si nadie sabe que tú eres millonario, **tú controlarás los tiempos.** La discreción te brinda el control sobre cuándo y cómo compartes la noticia de tu premio, lo que te permite evitar las situaciones incómodas y las demandas financieras inmediatas.

Es muy llamativa la petición del alcalde (lo que él no ha conseguido con su gestión política quiere que lo haga el flamante millonario), la cola a la puerta de su casa de sus paisanos para "felicitarle" (y supongo que ya de paso pedirle unos eurillos…), los cotilleos, las críticas (un claro ejemplo de que la gente siempre es muy generosa con el dinero de los demás), **la envidia** (¿qué gana la gente con decir que han muerto?) y sobre todo, lo que más me ha sorprendido ha sido la descripción tan minuciosa que hace el periodista de todo lo ocurrido, contando con todo lujo (nunca mejor dicho) de detalles respecto a lo que se compró y dónde invirtió su dinero.

A pesar de que la historia tenía toda la pinta de terminar mal, según las últimas noticias que he leído sobre Francisco Delgado, parece que ha llevado bastante bien la gestión de su capital, siendo el único ejemplo de caso exitoso que he encontrado.

Ser excesivamente generoso:

"Billie Bob Harrell en 1997, ganó más de 31 millones de euros. Dio dinero a la Iglesia y a su familia a espuertas, pero la presión que sufrió para ayudar a extraños pudo con él. Le encontraron muerto dos años después y, aunque la autopsia reveló que se trataba de un suicidio, la familia, no se lo cree. El dinero de la lotería ha desaparecido misteriosamente. "Ganar la lotería es lo peor que me pudo haber pasado", había declarado".

"En 2005, Ralph Stebbings y su mujer, ganaron 208 millones de dólares en la lotería de Michigan. Una gran noticia: iban a viajar por todo el mundo y dejarían de trabajar. Sin embargo, algunos de sus familiares creyeron también que el dinero les alcanzaría para dejar ellos sus empleos. Terminó detenido por posesión de armas, intentando apuñalar al novio de una de sus hijas. Murió de un infarto con sólo 43 años".

Todo hay que practicarlo en su justa medida y aunque pudiera

101

parecer lo contrario, el ser excesivamente generoso puede terminar perjudicándote.

Existe un tipo de personas que exprimirán al máximo tu bondad; **los aprovechados**. Esas sanguijuelas pondrán al límite tu generosidad y su hambre no tendrá fin. Por mucho que les entregues, nunca tendrán suficiente, siempre creerán que se merecen mucho más y que tienes la obligación de dárselo. Suelen practicar el chantaje emocional, ya que son personas vinculadas a ti de forma muy especial (parejas, hijos, padres, hermanos…). En ti está el detectarlos a tiempo y cortarles el grifo cuanto antes. Por mucho que te cueste, tienes que aprender a decir NO.

La persona que sólo se interesa por tu dinero, no merece la pena tenerla cerca.

Ten cuidado cuando le das un sueldo a alguien a cambio de nada, porque puedes estar creando un vago. Dar dinero o recursos a alguien sin que haya un esfuerzo real por parte de esa persona puede llevar a la dependencia y la falta de motivación. Esto es especialmente importante cuando se trata de hijos o familiares jóvenes. En lugar de darles todo sin esfuerzo, considera fomentar la responsabilidad financiera y la autosuficiencia.

Si piensas que ser generoso con todo el mundo es sembrar para recoger en el futuro, estás muy equivocado, porque comprobarás la poca memoria que tiene la gente. La generosidad no siempre se encuentra recompensada con gratitud. Cómo hemos comentado anteriormente, no se valora la donación de dinero de una persona a la que le sobra y además ha ganado sin esfuerzo.
Es curioso comprobar en los testimonios de personas que se arruinaron, cómo la gente a las que habían ayudado cuando eran millonarios, les daban la espalda cuando ellos lo necesitaban posteriormente. Nadie se compadece de una persona que cae en la miseria tras haber ganado la lotería, porque consideran que se lo tiene merecido por haber sido tan derrochador. Así que si ayudas,

hazlo de forma totalmente desinteresada y no confíes demasiado en que vayas a recibir esa ayuda de vuelta.

Tampoco olvides que no debes ser excesivamente espléndido en tu día a día sin nadie pedírtelo, porque aunque no lo creas, hay mucha gente que pueden verlo como un signo de prepotencia y les puede molestar que siempre pagues tú la cuenta.

IRA

Confiar en la gente equivocada:

"Todo empezó en 2006, la suerte llegó a casa de Paco Guerrero en Castellón. Fue el ganador de 6 millones de euros en la Bonoloto. Decidió escalar unas posiciones en su profesión. Creó su propia empresa de albañilería, siguió trabajando y fue generoso con sus hijos. La vida para ellos seguía ajena de lo que pasaba con su dinero en el banco. Fue en 2009 cuando al ir al banco a retirar 30.000 euros para operarse se dio cuenta de que su dinero no estaba. Después de perder 3 millones anteriormente en otra entidad por unas operaciones que dice, ejecutó a ciegas. No tardó mucho en perder el resto del premio que aún le quedaba. Pronto el banco devoró 1.200.000 suyos y el resto de sus cuatro hijos, a quienes regaló 650.000 por cabeza nada más tocarle el premio y decidieron seguir los pasos de su padre depositando el dinero en la misma entidad. Guerrero no entiende como ha perdido su dinero en inversiones de alto riesgo. Paco no sólo ha perdido el dinero sino también a sus hijos, «No me hablan» afirma. Le consideran el responsable de que hayan perdido el dinero que les regaló. Será un juez el que decida si, como denuncia Paco, el banco se aprovechó de su dinero y confianza".

El mundo está lleno de personas y organizaciones que esperan la oportunidad de ayudarse a sí mismos con tu dinero. **Eres un**

delicioso pececito que apenas sabe nadar en un mar lleno de tiburones. Desconoces completamente el mundo de las finanzas y te encuentras totalmente perdido. Las personas con las que tendrás que tratar para gestionar tu dinero lo saben y algunas querrán aprovecharse de eso. Cómo en todas partes, hay gente honrada y gente que no, pero **tienes algo muy goloso, en grandes cantidades y ganado sin esfuerzo** (una justificación que da cierta licencia moral para engañarte).

Por muy inteligente que te consideres, nadie está libre de ser estafado y no está de más tomar ciertas precauciones que ya hemos comentado a lo largo de este manual:

- En un principio, **no mover tu dinero** puede llegar a ser más rentable que invertirlo con desconocimiento.

- **Lee todo lo que vayas a firmar**, lo que no entiendas no lo firmes hasta que no te quede claro.

- **Rodéate de buenos profesionales** independientes con una experiencia contrastada que te puedan asesorar correctamente en cada paso que des. Tu cuñado, por muy bien que se le den los números, no es la persona idónea para llevar tus finanzas. Tampoco lo es el director de tu banco de toda la vida porque no es imparcial, por muchas palmaditas que te dé en la espalda no es tu amigo y siempre favorecerá a quien paga su nómina.

- **No te fíes de nadie.** Es muy importante proteger tu dinero. Al igual que un agricultor protege sus cultivos de los conejos, por muy tiernos y dulces que parezcan, tú deberás proteger tu capital de los depredadores financieros, por muy educados y amables que sean contigo, ya que su misión es ganarse tu confianza. La razón de que tanta gente te respalde y se acerque a ti es porque desde esa posición es más fácil meter su mano en tu bolsillo. Es cierto que no se puede vivir en estado permanente de desconfianza, pero piensa que es una medida provisional, al menos hasta que tengas la suficiente soltura.

Que salgan dueños del boleto de debajo de las piedras:

A principios de julio de 2020, uno de los mayores botes del Euromillones cayó en España. Concretamente en el pueblo vallisoletano de Mayorga, donde una peña formada por 14 amigos se embolsó la cantidad de 144 millones de euros. Hosteleros, dueños de un taller, de un matadero, regidores de la administración de loterías del pueblo o jubilados... Eran los perfiles de los agraciados cuya vida cambió de la noche a la mañana. Sin embargo y tras los primeros meses de júbilo, ahora se enfrentan a una demanda por la que todos los integrantes de la peña tendrán que pasar por el juzgado de Medina de Rioseco. ¿El motivo? Uno de los vecinos que esa noche del 7 de julio no jugó, reclama parte de su premio tras alegar que ya participó en los sorteos anteriores con el grupo. Tal y como ha explicado el abogado del querellante: "Fue invitado a participar en la peña. La primera semana puso la cantidad que se le estableció. Sí que es verdad que la semana siguiente no pudo acudir al municipio, y ahora lo que dicen los querellados es que él se negó a entregar una cantidad de dinero, lo cual es incierto".

En un principio intentaron llegar a un acuerdo, pero como fue imposible, entonces se presentó la querella: "Lo que dice la juez es que los hechos que resultan de las actuaciones presentan características que hacen presumir la posible existencia de un delito de apropiación indebida".

Cómo ya hemos visto, cuando se juega en grupo es fundamental no dejar ningún cabo suelto; componentes, participación, pago de la apuesta, etc. Da igual el grado de confianza que exista, porque casos similares ocurren entre amigos de toda la vida, hermanos e incluso entre padres e hijos.

De todas formas, por muy claro que esté todo, siempre existe algún resquicio para el que obra de mala fe y perjudica al que confía demasiado en la buena fe de los demás.

Cómo veis, ya han cosechado la primera consecuencia negativa de hacerlo público; una querella y por tanto no poder tocar ese dinero hasta que se dicte sentencia, que a la velocidad que va nuestra justicia, serán unos cuantos meses o incluso años.

Para prevenir muchos de estos problemas, te doy una serie de consejos para gestionar un premio compartido de manera efectiva:

- **Contrato o acuerdo por escrito**: Aunque pueda parecer innecesario entre amigos o familiares cercanos, redactar un contrato o acuerdo por escrito puede ser una precaución inteligente. Esto debe incluir detalles como la cantidad de dinero invertida por cada miembro del grupo, las reglas de participación, la distribución de premios y el procedimiento a seguir en caso de disputas.

- **Designar un líder o administrador:** Elegir a una persona de confianza para actuar como líder o administrador del grupo puede ayudar a mantener la organización y la transparencia. Esta persona puede ser responsable de la compra de boletos, el registro de participantes y el seguimiento de los resultados.

- **Establecer expectativas claras:** Antes de participar en cualquier grupo de lotería, es importante que todos los miembros comprendan claramente las expectativas. Esto incluye cuánto se gastará en boletos, cómo se dividirán los premios y cuándo se esperan los resultados.

- **Mantener registros detallados:** Mantener registros detallados de las contribuciones, los boletos comprados y los premios ganados puede ser esencial para evitar disputas más adelante. Utilizar aplicaciones o herramientas en línea diseñadas para grupos de lotería puede facilitar este proceso.

- **Respetar la confidencialidad:** Si bien compartir buenas noticias es natural, es importante mantener la confidencialidad sobre los detalles del premio hasta que se haya recibido y distribuido. Evitar comentarios prematuros puede ayudar a evitar problemas legales y disputas.

- **Condiciones legales y fiscales:** Asegúrate de comprender las implicaciones legales y fiscales de ganar un premio antes de participar en un grupo de lotería. Dependiendo del país y de la cantidad ganada, puede haber obligaciones fiscales y regulaciones específicas que debas cumplir.

- **Prepararse para conflictos:** A pesar de las mejores intenciones, los conflictos pueden surgir en cualquier grupo. Tener un plan de acción en caso de disputas, como la mediación o la resolución legal, puede ayudar a resolver problemas de manera efectiva.

PEREZA

No encontrarle sentido a tu vida:

"Un vecino de una pequeña localidad de Orense, millonario desde hace seis años gracias a un premio de la lotería, apareció muerto de un disparo en la cabeza. Según sus vecinos, José Manuel Calvo Vaz era un hombre modesto al que en 2003 le tocaron casi diez millones de euros. Ninguno se imagina las causas que le llevaron a (presuntamente) quitarse la vida. Chemanel, como era conocido en el pueblo, tenía 49 años, una mansión, tres coches de lujo, un coto de caza y una empresa de maquinaria para el campo. Su empresa había suspendido pagos en 2007. Ésta última no le iba muy bien. Había comenzado varios negocios en los que no tenía ninguna experiencia y que no supo cómo manejar. Hasta que aquel boleto de lotería le cambió la vida (a él, a su mujer y a sus dos hijas) José Manuel trabajaba en

el Ayuntamiento de Riós como operario municipal. El premio le trajo la felicidad material y un cambio de apodo: de ser el Frasco pasó al Millonario. Desde entonces y hasta su repentina muerte, el carácter de Chemanel se fue agriando, aunque hasta los últimos tiempos, cuando los problemas económicos le acuciaban, seguía comportándose de forma sencilla "igual que antes, pero con más oro". En el pequeño pueblecito del interior de Galicia, sus 2.000 habitantes aún no se explican lo sucedido, ni su muerte ni la pérdida en tan poco tiempo de todo el patrimonio que le trajo la suerte. "

Nuestro baremo de cuánto vale algo va en función del esfuerzo que tenemos que dedicar para conseguirlo (independientemente del valor sentimental, que es muy difícil de cuantificar). Un ejemplo claro de esto se da cuando somos niños y ahorramos durante meses para poder comprarnos algo que nos gusta. El precio pasa a un segundo plano y para nosotros su valor es incalculable.
Según nuestras necesidades, prioridades y gustos, gastamos nuestro dinero sabiendo que hay que renunciar a unas cosas para poder conseguir otras.

En cambio, con dinero en abundancia **te lo puedes permitir todo sin renunciar a nada, al instante y sin esfuerzo.** Las obligaciones disminuyen de forma exponencial. Solo harás lo que te apetezca hacer y cuando te apetezca hacerlo. Sin ese baremo del esfuerzo es muy fácil perder "el Norte" sobre el verdadero valor de las cosas.

La gratificación instantánea puede ser adictiva y, a la larga, vacía. Cuando todo está al alcance de la mano, las personas pueden perder la motivación para alcanzar metas significativas. En contraste, trabajar duro para lograr un objetivo proporciona una sensación de logro y satisfacción personal.

Es como jugar a un videojuego con vidas infinitas, jugar es mucho más fácil, pero corres el riesgo de que **el juego te termine aburriendo.**

Las personas pueden caer en la trampa de buscar la felicidad y la satisfacción a través del consumo excesivo, lo que a menudo conduce a la sensación de vacío. Ya no se le encuentra sentido a nada y por este motivo la gente puede caer en depresiones, drogadicción, alcoholismo e incluso finalmente en el suicidio. Por desgracia existen muchos ejemplos de gente rica y famosa que han terminado de la peor forma posible.

Para evitar todo esto, es muy importante que nunca olvides quién eres y sobre todo ten siempre presente de dónde vienes. Es lógico que tengas nuevas amistades, porque entrarás en nuevos círculos, pero no dejes nunca de lado las de toda la vida, porque ellos son los que te conocen de verdad. Algunas personas pueden acercarse a ti solo por interés en tu riqueza, mientras que otras pueden alejarse debido a la envidia o la percepción de que has cambiado. Es importante mantener conexiones genuinas con quienes te conocen y aprecian por quien eres, no solo por tus recursos. No te alejes de la gente que te quiere, ellos siempre van a estar ahí, y son los únicos que te aconsejarán sinceramente.

Cuantas más opciones para elegir tiene el ser humano, más necesidad tiene de control emocional. Busca siempre algo que hacer con lo que te sientas bien, aprende nuevos idiomas, viaja y conoce otros países, estudia lo que te guste, practica algún deporte, interésate por nuevos hobbies y colabora con alguna asociación ayudando a los demás.

Trata de centrarte en la dirección correcta hacia la que quieres que vaya tu vida. La gestión emocional es esencial cuando se trata de la abundancia financiera.

Las personas con dinero tienen la responsabilidad de mantener un equilibrio emocional y evitar caer en problemas como la depresión, el abuso de sustancias o la sensación de vacío, porque **si no sabes hacia donde se dirige tu barco, ningún viento te será favorable.**

Es muy importante saber diferenciar lo que el dinero puede hacer y lo que no. Cómo indicaba Benjamin Franklin; **"De aquel que opina que el dinero puede hacerlo todo, cabe sospechar con fundamento que será capaz de hacer cualquier cosa por dinero"**.

Con la riqueza viene el poder, pero también una gran responsabilidad. El dinero puede corromper si se utiliza de manera incorrecta. Es importante utilizar los recursos financieros de manera ética y considerada, contribuyendo al bienestar de la sociedad en lugar de dañarla.

Ten en cuenta que **el dinero es "un buen siervo, pero un mal amo"**.

Nunca debes dejar que el dinero sea el que te domine. Cuanto más tiempo pases pensando en dinero, menos liberado estarás de él.

Préstale solo la atención que se merece.

El dinero debe considerarse un recurso, no un objetivo en sí mismo. Cuando el dinero se convierte en un objetivo principal, puede tomar el control de tu vida. En cambio, es importante tratar el dinero como un medio para alcanzar metas y mejorar la calidad de vida.

No uses **la excusa de no tener dinero** para no realizar esos cambios en tu vida que podrían mejorarla.

12. LA EXCUSA DE NO TENER DINERO

En estos momentos estarás pensando:

Esas personas fueron muy torpes, eso jamás me pasaría a mí.

Estoy seguro que los protagonistas del capítulo anterior también habrían dado tu misma respuesta antes de tocarle la lotería. No creo que nadie busque la ruina de forma voluntaria, sino que cuando son consciente de sus errores, **ya es demasiado tarde.**
Aunque estoy de acuerdo contigo, a ti eso no te pasará, sobre todo porque cuando te toque la lotería, tú ya habrás leído este libro.

Ahora que todavía no eres millonario, me gustaría que hicieses un ejercicio de autocrítica y reflexionaras cuantas veces has puesto como excusa **la falta de dinero.** Esto puede servirte para tomar cierta perspectiva de **la verdadera importancia que tiene el dinero en tu vida.**

El dinero tiene ese poder oscuro que se ejerce sobre nuestras mentes, y que **nos hace desearlo incluso cuando no lo estamos necesitando.** A veces ansías tener dinero, pero no para conseguir aquello que quieres, sino para evitar sentir la frustración de no conseguirlo. Creemos que el dinero es esa lámpara maravillosa que podemos frotar para pedir aquellos deseos que resolverán todos nuestros problemas. Se piensa que con dinero se podrá comprar todo, que gracias a él se alcanzará un estado de felicidad eterna. Es lo que se denomina **ilusión de enfoque**, que lleva a dar excesiva importancia a un acontecimiento, ignorando el contexto.

Pero estamos muy equivocados, **el dinero sólo resuelve los problemas económicos**, que no son pocos, pero para el resto de problemas puede incluso agravarlos.

Con dinero en abundancia tienes la posibilidad de hacer realidad muchos de tus deseos. Deseos que ya no están enjaulados por la obligación de llegar a fin de mes. Por decirlo de otra forma: el hecho de que a uno le toque una millonada es un atajo hacia el **encuentro con uno mismo**.

El problema es que hay muchos deseos que son más placenteros en nuestra imaginación que en la realidad.

La creencia constante de que no tenemos suficiente dinero puede llevar a una mentalidad de escasez. Esto significa que siempre estamos **enfocados en lo que nos falta en lugar de valorar lo que ya tenemos.**

Cómo creemos que el dinero solucionará todos nuestros problemas, deducimos que la falta del mismo es la causante de todos nuestros males y lo usamos cómo excusa continuamente en una búsqueda obsesiva por la riqueza, en lugar de buscar soluciones prácticas para esos problemas.

Culpar a la falta de dinero de todas nuestras desgracias puede ser una forma de evitar la responsabilidad personal y por eso, la excusa de no tener dinero es tan buena. Es más, creo que es de las mejores. Con esta excusa podemos justificar nuestros defectos, fracasos, errores, pereza, mediocridad y sobre todo nuestra infelicidad.

No soy feliz porque no tengo dinero

Mi mal humor, mi mal carácter, mis frustraciones y mi amargada vida se deben a ese motivo. Solo se puede ser auténticamente feliz si eres multimillonario.

Como ya hemos hecho referencia anteriormente, hay muchos estudios que indican que transcurrido el tiempo de euforia inicial, los ganadores de la lotería no se sienten más felices que los no ganadores.

La felicidad es algo que tú llevas dentro, depende de tu armonía interior, de que valores lo que tienes, de tu actitud ante las adversidades, de que ames a los demás.

Si analizas los momentos más felices de tu vida comprobarás que muy poco tuvieron que ver con el dinero. Aunque suene a tópico, solo con dinero no vas a conseguir la felicidad. A excepción de una verdadera necesidad económica (pasar hambre, dormir en la calle, etc.), en el fondo sabemos que los problemas económicos normalmente son los menores de nuestros problemas.

La búsqueda de la felicidad va más allá de la acumulación de riqueza material. Si bien el dinero es importante para satisfacer nuestras necesidades básicas y proporcionar comodidades, la verdadera felicidad se encuentra en nuestras relaciones, nuestro crecimiento personal y nuestra perspectiva sobre la vida.
Recordemos que la felicidad es una búsqueda constante y que no se puede reducir a una cifra en nuestra cuenta bancaria. Encontrar la felicidad implica valorar lo que tenemos y trabajar en nuestro bienestar emocional y espiritual.

No he triunfado en la vida

Porque no me han dado muchas oportunidades. Si hubiese nacido en una familia rica hubiera sido mucho más fácil conseguir el éxito.

Si eres una persona insegura, el dinero solo va a disfrazar esas inseguridades. **Un buen jugador de póker no es aquel que solo gana con buenas cartas, sino el que sabe sacarle partido a los naipes que le tocan, sean cuales sean.** Si de verdad tienes un sueño, lucharás con todas tus fuerzas para conseguirlo y no te quedarás ahí quieto quejándote y esperando que te caiga del cielo. **Invierte tu tiempo en buscar soluciones en vez de lamentarte y de poner excusas:**

- **La autodisciplina** es esencial para alcanzar el éxito en cualquier área de la vida. En lugar de esperar oportunidades externas, podemos crearlas a través de la constancia, la determinación y el enfoque en nuestros objetivos. Esto implica tomar medidas consistentes hacia nuestras metas, incluso cuando enfrentamos desafíos.

- **Aprende de la adversidad**: En lugar de culpar a las circunstancias o a otros por nuestras dificultades, podemos utilizar la adversidad como una oportunidad para crecer y aprender. Muchas personas exitosas han superado obstáculos significativos en sus vidas y han utilizado esas experiencias como trampolines hacia el éxito.

- **La importancia de la educación y el aprendizaje constante**: La educación no se limita a las aulas escolares. El aprendizaje constante y la adquisición de nuevas habilidades son fundamentales para adaptarse a un mundo en constante cambio y aprovechar las oportunidades que surgen.

- **La búsqueda de pasiones y propósito**: Encontrar lo que nos apasiona y lo que da significado a nuestras vidas es un paso importante hacia el éxito. Cuando estamos motivados por un propósito, estamos dispuestos a superar obstáculos y a mantenernos enfocados en nuestros objetivos a largo plazo.

- **Cambia tu mentalidad**, aquellos que creen en sus habilidades y están dispuestos a aprender y esforzarse tienden a superar obstáculos y crear oportunidades para sí mismos. La mentalidad de crecimiento, que implica la creencia de que podemos desarrollarnos y mejorar con esfuerzo, es fundamental para el éxito.

- **Practica más la autocrítica**, es la única forma de aprender de los errores.

El camino hacia el éxito está disponible para todos, siempre que estemos dispuestos a trabajar en él.

Soy feo porque no tengo dinero

Si tuvieras mucho dinero me podría operar mi nariz aguileña, o contratar un entrenador personal para perder esos kilos que tengo de más, o hacerme un lifting y así rejuvenecer 20 años.

¿Seguro? Mucha de la gente que gasta tanto dinero en su físico es porque viven de su imagen; actores, cantantes, presentadores de televisión, etc. Podríamos decir que es una inversión por su parte ya que su trabajo depende en gran medida de este factor. La mayoría de estas personas ya tenían un buen físico y lo que tratan es de mantenerse. Siento decirte que **si te consideras feo, por mucho que te operes, seguirás sintiéndote feo.**

La búsqueda de la perfección física es una aspiración común en nuestra sociedad, impulsada en gran parte por la presión de los estándares de belleza que vemos en los medios de comunicación y las redes sociales. Sin embargo, es importante reflexionar sobre este tema y considerar varias perspectivas antes de embarcarse en procedimientos estéticos o cambios drásticos en el físico.

- **La autenticidad y la autoaceptación:** En un mundo obsesionado con la apariencia, es fundamental recordar que la autenticidad y la autoaceptación son cualidades valiosas. **Aprender a quererse a uno mismo** con todas las imperfecciones es un camino hacia la verdadera confianza y la felicidad. La perfección es una meta inalcanzable, y perseguirla puede ser agotador y desilusionante.

- **El coste emocional y físico:** Los procedimientos estéticos y las cirugías conllevan riesgos y un costo emocional. No todas las operaciones salen como se planean, y los cambios drásticos en la apariencia pueden tener un impacto en la salud mental y emocional. Es importante sopesar cuidadosamente estos riesgos antes de tomar una decisión.

- **La individualidad y la belleza única:** La belleza no se puede definir de manera universal. Cada persona tiene su propia belleza única que va más allá de la apariencia física. En lugar de tratar de encajar en un molde de belleza predefinido, abrazar nuestra singularidad puede ser una fuente de empoderamiento y autoestima.

- **La salud sobre la apariencia:** En lugar de enfocarse en la apariencia, es esencial priorizar la salud física y emocional. Adoptar un estilo de vida saludable que incluya una dieta equilibrada y ejercicio regular es una inversión mucho más valiosa en el bienestar a largo plazo que someterse a procedimientos estéticos.

- **La influencia de la industria de la belleza:** La industria de la belleza a menudo promueve una imagen idealizada de la perfección física. Comprender que esta industria tiene sus propios intereses comerciales y no siempre refleja la realidad puede ayudar a mantener una perspectiva más equilibrada.

- **La importancia de la diversidad:** La diversidad en todas sus formas, incluida la diversidad de cuerpos y apariencias, enriquece nuestra sociedad. Promover la aceptación y la inclusión de todas las formas y tamaños es un paso hacia una sociedad más equitativa y compasiva.

El dinero puede comprar procedimientos estéticos, **pero no puede comprar la confianza en uno mismo.**

De todas formas, te pido que reflexiones sobre este asunto; ¿cuántos ricos conoces que de verdad hayan mejorado con una operación estética?, ¿no te parece que al final todos terminan con rostros sin expresión y clonados el uno al otro?

Por otro lado, el tema de adelgazar o tener hábitos saludables no es una cuestión de dinero, sino de **fuerza de voluntad.**

Me han dejado porque no tengo dinero

Si tienes pareja crees que con dinero podrías hacerla más feliz y asegurarte que siempre estará a tu lado.
Estás muy equivocado, porque **no se puede comprar el cariño.**
Es una verdad universalmente reconocida que el dinero no puede comprar el amor verdadero y duradero. Si bien puede proporcionar comodidades y seguridad, no garantiza la felicidad en una relación. Las parejas sólidas se basan en la comunicación, el respeto y la comprensión mutua, no en la riqueza material.

Cuando te vuelves millonario, tanto tú como tu pareja debéis adaptaros a vuestra nueva vida y no será sencillo. Esto puede requerir ajustes en la forma en que manejan el dinero y toman decisiones financieras. La comunicación abierta y honesta es clave en este proceso.

Las oportunidades de ser infiel y las tentaciones se multiplican y con ello los celos y la desconfianza. Para superar esto, es crucial fortalecer la confianza mutua y fomentar una comunicación abierta sobre las expectativas y los límites en la relación.

Como ejemplo de lo complicada que son las relaciones de pareja cuando hay mucho dinero de por medio, observa cuántas veces se casan los ricos y cuanto duran sus matrimonios. Las estadísticas indican que las parejas ricas a veces enfrentan desafíos adicionales en sus matrimonios debido a la presión social, la exposición pública y las tensiones financieras. Sin embargo, el dinero en sí mismo no es la causa principal de los divorcios; los problemas de comunicación, la falta de intimidad emocional y otros factores también desempeñan un papel importante.

En el caso de que hayas tenido una ruptura, seguro que has pensado en algún momento que la falta de dinero fue la causa del fracaso de tu relación. Pensar de esta forma te ayuda a no sentirte culpable, pero si fueras un poco crítico contigo mismo, comprobarías que los motivos de tu separación son muchos y poco tiene que ver el dinero.

Si no tienes pareja, ni mucho éxito en tus conquistas, crees que con mucho dinero te volverías irresistible. Es importante recordar que la autoestima y la confianza en uno mismo provienen de cualidades internas, como la autoaceptación y la seguridad emocional, más que de la riqueza material. Las relaciones sólidas se basan en conexiones verdaderas, no en superficialidades. Quizás tengas razón y con dinero ligues más que antes, pero te asaltarán muchos temores; **¿Se habrán enamorado de mí, o de mi dinero? ¿Quieren mi compañía, o la vida de lujos que le ofrezco?**

El dinero puede influir en las relaciones, pero no es el único factor que determina su éxito o fracaso. Las relaciones de pareja exitosas se basan en la comprensión mutua, la confianza, la comunicación y el amor de verdad, independientemente de la situación financiera. La riqueza material puede brindar comodidades, pero no puede sustituir la verdadera conexión emocional en una relación.

Tengo pocos amigos porque no tengo dinero

Te encantaría ser una persona carismática, rodearte de gente que alabara tus logros, ser el centro de atención en las reuniones, que te tratasen como un señor en los restaurantes (hasta un perro, con dinero, pasa a llamarse Don Perro) y que te besaran los pies cuando entrases en alguna tienda (todo el mundo recuerda la mítica escena de "Pretty Woman").

Con esa forma de pensar **tienes un grave problema si necesitas la aprobación de los demás para poder valorarte a ti mismo.**

Buscar constantemente la aprobación de los demás puede ser agotador y poco satisfactorio. La opinión de las personas puede cambiar rápidamente y basarse en factores superficiales. En cambio, trabajar en tu autoestima y confianza en ti mismo te permitirá valorarte independientemente de lo que los demás piensen. Tu valía como persona no debería depender de la opinión de los demás ni de tu situación financiera. Todos tenemos cualidades únicas y valiosas que van más allá de nuestras posesiones materiales. Reconocer y apreciar estas cualidades es esencial para desarrollar una autoestima saludable.

Ser carismático no tiene que ver con la riqueza material, sino con la autenticidad y la conexión con las personas. Las personas carismáticas suelen ser aquellas que muestran empatía, escuchan activamente a los demás y son auténticas en su forma de ser. En lugar de tratar de comprar reconocimiento, trabaja en desarrollar tus habilidades interpersonales.

Se puede comprar la adulación, pero no el carisma.

Sí, es posible gastar dinero para estar rodeado de personas, pero estas conexiones suelen ser superficiales y efímeras. Las amistades reales se construyen con el tiempo a través del compañerismo, la confianza y las experiencias compartidas. Invertir en el desarrollo de habilidades sociales y la construcción de relaciones sólidas puede ser mucho más gratificante que intentar comprar amistad. Tener un círculo pequeño de amigos verdaderos y leales puede ser mucho más valioso que tener un gran número de conocidos superficiales. La verdadera amistad se basa en la confianza, el apoyo mutuo y la conexión emocional. En lugar de preocuparte por cuántos amigos tienes, enfócate en cultivar relaciones significativas. En amigos, yo prefiero la calidad a la cantidad.

Se puede comprar compañía, pero no la amistad.

Por tanto, es esencial encontrar un equilibrio entre el deseo de reconocimiento externo y la valoración interna.

Yo no soy desordenado

Es que mi casa es muy pequeña y es difícil mantener el orden, en una casa mucho más grande no tendría ningún problema para que cada cosa estuviera en su sitio.

Sabes tan bien como yo, que si tu casa fuese más grande, acumularías muchas más cosas y la tendrías igual de desordenada. La excusa del espacio limitado como razón para el desorden es común y, a veces, válida, pero también puede ocultar una serie de problemas subyacentes en la organización personal y la toma de decisiones.

Es cierto que, en una casa pequeña, la falta de espacio puede complicar la organización y el almacenamiento. Sin embargo, es importante considerar cómo llenamos ese espacio disponible. A menudo, acumulamos más de lo que realmente necesitamos o valoramos, lo que conduce al desorden.

Adoptar un enfoque minimalista puede ser beneficioso, incluso en un espacio pequeño. El minimalismo implica la idea de poseer menos cosas, pero de mayor calidad y significado. Al reducir la cantidad de objetos en tu hogar, es más fácil mantener el orden y aprovechar al máximo el espacio limitado.

El desorden en el entorno físico puede tener un impacto en tu bienestar emocional y mental. Estudios han demostrado que vivir en un espacio desordenado puede aumentar los niveles de estrés y ansiedad. Por lo tanto, mantener un entorno organizado puede contribuir a tu salud mental y calidad de vida.

La excusa del espacio limitado a menudo oculta la resistencia a tomar decisiones sobre qué objetos conservar y cuáles dejar ir. Es importante aprender a tomar decisiones conscientes sobre lo que realmente necesitas y lo que puedes prescindir. Esto implica evaluar el valor y el propósito de cada objeto en tu vida.

Muchas personas tienen una mentalidad de acumulación, que impulsa la adquisición constante de cosas nuevas sin considerar lo que ya tienen. Esta mentalidad puede llevar al desorden y al gasto innecesario. Reflexionar sobre por qué sientes la necesidad de acumular objetos puede ser un primer paso importante hacia un enfoque más organizado.

Mantener un espacio ordenado es una habilidad que se puede aprender y desarrollar. Puedes explorar técnicas de organización, como el método KonMari o la regla de "un objeto entra, uno sale", para mantener el orden en cualquier tamaño de vivienda.

No es que no me sepa administrar

Es que con un sueldo tan bajo es imposible llegar a final de mes.

Hay personas que incluso teniendo unos ingresos muy bajos, consiguen tener ahorros (cómo les ocurre a muchos pensionistas) y en cambio otras, aunque les entre el dinero a espuertas, no logran tener sus cuentas saneadas. Si eres una persona que suele derrochar, **cuanto más dinero tienes, más gastas**, así de simple.

La administración adecuada del dinero comienza con la **educación financiera**. Muchas personas, independientemente de sus ingresos, no han recibido una educación financiera sólida. Aprender sobre presupuestos, ahorros, inversión y deudas puede ser fundamental para tomar decisiones financieras informadas.

Es cierto que algunas personas tienen una **mentalidad de gasto** y tienden a gastar tanto como ganan, o incluso más si tienen acceso a crédito. Esta mentalidad puede llevar a problemas financieros, sin importar cuánto dinero se gane. Cambiar esta mentalidad puede ser esencial para construir ahorros y estabilidad financiera.

Un presupuesto sólido es una herramienta vital para controlar tus finanzas. No importa cuánto ganes, un presupuesto te ayuda a asignar tus ingresos de manera eficiente, estableciendo límites claros para gastos y ahorros. Si tienes ingresos bajos, un presupuesto bien diseñado puede ser aún más esencial.

Las deudas pueden ser una carga significativa en las finanzas personales. Aprender a gestionar y reducir las deudas es crucial para tener una base financiera sólida. Esto implica crear un plan para pagar deudas existentes y evitar la acumulación de nuevas deudas.

Independientemente de la cantidad que ganes, establecer un **sistema de ahorro automático** puede ser efectivo. Esto implica programar transferencias automáticas a una cuenta de ahorros o inversión en cada período de pago. Automatizar tus ahorros te ayuda a priorizar el ahorro antes del gasto.

Es importante realizar un **seguimiento constante** de tus finanzas y ajustar tu presupuesto según sea necesario. Los cambios en los ingresos, los gastos inesperados y las metas financieras en evolución pueden requerir modificaciones en tu enfoque financiero.

Si enfrentas dificultades para administrar tus finanzas, considera buscar apoyo profesional. Un **asesor financiero** o un consejero de crédito pueden ofrecer orientación específica para tu situación y ayudarte a desarrollar un plan financiero sólido.

Le dedico poco tiempo a mi familia

Porque tengo que trabajar muchas horas para poder llevar un plato de comida a mi casa.

¿Crees que la gente rica dispone de más tiempo que tú para estar con su familia? La mayoría de sus hijos pasan más tiempo con sus cuidadoras o en internados que con sus padres. El dinero, si se quiere administrar correctamente necesita **dedicación y tiempo**. Además, cuando tienes muchísimo dinero tendrás muchos más compromisos sociales y también querrás tiempo para poder disfrutarlo y gastarlo.

La gestión del tiempo se trata de **priorizar lo que es más importante en tu vida**. Si bien el trabajo es necesario para mantener a tu familia, también es esencial encontrar tiempo para estar con tus seres queridos. Esto requiere una planificación cuidadosa y una reflexión sobre tus valores personales.

Busca un **equilibrio saludable** entre tu carrera y tu vida personal. A veces, esto puede significar tomar decisiones difíciles, como reducir horas de trabajo, buscar trabajos con horarios más flexibles o cambiar de carrera si es necesario.

La calidad del tiempo que pasas con tu familia es más importante que la cantidad.

Hablar abiertamente con tu familia sobre tus compromisos laborales y financieros es crucial. Asegúrate de que todos comprendan por qué estás trabajando tanto y cómo contribuye al bienestar familiar. La comunicación puede ayudar a reducir la sensación de ausencia.

Programa momentos de calidad en familia. Establece días o noches específicos para actividades juntos. Estos pueden ser simples, como cenar juntos o dar un paseo en el parque. Lo importante es crear recuerdos significativos.

En el trabajo, busca maneras de ser más eficiente para que puedas lograr tus tareas en menos tiempo. Esto puede implicar la adopción de nuevas tecnologías, la delegación de tareas o la búsqueda de formas de optimizar tu productividad.

No temas buscar apoyo de amigos, familiares o cuidadores para ayudar con las responsabilidades familiares si es posible. A veces, contar con una red de apoyo puede aliviar la carga y brindarte más tiempo para pasar con tus seres queridos.

Recuerda que no se trata solo de pasar más tiempo con la familia, sino de **aprovechar al máximo el tiempo que tienes juntos.** Desconéctate de las distracciones digitales y sé consciente durante esos momentos de disfrutar plenamente de la gente que te rodea.

Dice un refrán **que hace más el que quiere que el que puede.**

Me encantaría ser más generoso

Para poder ayudar a quien lo necesita, lo haría si tuviese más dinero...

La generosidad es una cualidad valiosa que va más allá de la cantidad de dinero que alguien pueda dar. A menudo, las personas sienten que no pueden ser generosas debido a limitaciones financieras, pero la verdad es que la generosidad puede manifestarse de muchas formas, independientemente de los recursos económicos disponibles:

- **Tiempo y atención**: Una de las formas más significativas de ser generoso es compartir tu tiempo y atención con quienes lo necesitan. Escuchar a alguien que está pasando por un momento difícil o brindar apoyo emocional puede ser igual de valioso, si no más, que dar dinero.

- **Habilidades y conocimientos:** Todos tenemos habilidades y conocimientos únicos que podemos compartir con los demás. Ya sea enseñando a alguien algo nuevo, brindando asesoramiento o ayudando a otros a desarrollar sus habilidades, estas contribuciones pueden tener un impacto duradero en la vida de las personas.

- **Voluntariado:** Ofrecer tu tiempo como voluntario en organizaciones benéficas, refugios locales, escuelas o centros comunitarios es una forma efectiva de ser generoso. Tu trabajo voluntario puede marcar una gran diferencia en tu comunidad y en la vida de quienes necesitan ayuda.

- **Donación de bienes:** Además de donar dinero, puedes donar ropa, alimentos no perecederos, juguetes o artículos que ya no necesitas. Muchas organizaciones benéficas dependen de estas donaciones para ayudar a las personas necesitadas.

- **Apoyo moral:** A veces, las personas necesitan palabras de aliento, consejos o simplemente saber que alguien se preocupa por ellas. Ser generoso con el apoyo emocional puede ser tan importante como cualquier donación material.

- **Compartir conocimientos financieros:** Si tienes experiencia en administración financiera o inversiones, puedes ayudar a otros a tomar decisiones informadas sobre sus finanzas personales. Esto puede ser especialmente valioso para las personas que luchan por salir adelante.

- **Crear conciencia:** Compartir información sobre causas y problemas importantes en las redes sociales o en tu comunidad puede aumentar la conciencia y la comprensión de los desafíos que enfrentan otras personas. Esto puede llevar a una mayor generosidad y apoyo a nivel colectivo.

- **Pequeños actos de bondad:** No subestimes el poder de los pequeños actos de bondad en tu vida diaria. Ayudar a un vecino con las compras, ceder tu asiento en el transporte público o mostrar amabilidad hacia los demás son formas simples pero efectivas de ser generoso.

La generosidad no se trata solo de dinero; **se trata de ofrecer lo que puedas**, independientemente de tus recursos. La satisfacción de ayudar a los demás y contribuir al bienestar de la sociedad es una recompensa en sí misma. Al buscar oportunidades para ser generoso en tu vida cotidiana, puedes marcar una diferencia significativa en el mundo que te rodea y enriquecer tu propia vida en el proceso.

Generoso no es el que da lo que le sobra, sino el que comparte lo que tiene.

Me corroe la incertidumbre de no tener dinero

Dormiría mucho más tranquilo si tuviera varios millones en el banco.

Quizás eso sea verdad a priori. Saber que tienes los recursos para enfrentar emergencias, pagar tus facturas y poder planificar para el futuro puede aliviar el estrés y ayudarte a sentirte más tranquilo, pero **tener dinero ahora, aunque sea mucho, no te garantiza que lo vayas a tener en el futuro**, sino que se lo pregunten a los ejemplos del capítulo anterior.

La sensación de seguridad que brinda el dinero a menudo se basa en la creencia de que puede protegerte de todo. Sin embargo, la vida está llena de situaciones que el dinero no puede resolver. La salud, las relaciones, la felicidad y otros aspectos de la vida no pueden comprarse con dinero.

El concepto seguridad es muy relativo, porque en realidad te sentirás más inseguro cuanto más dinero tengas. **El que nada tiene, nada teme perder,** porque es mucho más duro haberlo tenido todo y perderlo, que no haber tenido nunca nada.

Tendrás miedo a quedarte sin dinero, a no poder mantener tu nivel de vida, a que te engañen, a que quieran aprovecharse de ti, a que te roben por la calle, a que te roben el coche, a que entren en tu casa, que te secuestren a ti o a alguno de tus seres queridos. Comprarás cajas fuertes, contratarás seguridad privada, alarmas etc.

Cómo decía Picasso de forma paradójica; **"Mi sueño es tener mucho dinero, pero poder vivir tan tranquilo como los pobres"**. Esto es un recordatorio de que la verdadera seguridad no proviene necesariamente de la riqueza material, sino de la paz interior y las relaciones significativas. En lugar de depender en exceso del dinero para sentirte seguro, considera invertir en tu bienestar emocional, relaciones y objetivos personales. La verdadera seguridad proviene de la resiliencia, la adaptabilidad y la capacidad de encontrar la paz incluso en momentos de incertidumbre financiera.

No es que tenga mal gusto

Es que lo barato es lo único que puedo permitirme.

No te puedo negar que cuanto más dinero tengas, podrá elegir entre más opciones, pero hay que reconocer que el buen gusto no necesariamente depende del dinero que puedas gastar, sino de tu capacidad para **apreciar la estética, la calidad y la armonía en las cosas que te rodean.**

Tener un presupuesto ajustado no significa que debas comprometer tu sentido del gusto. De hecho, **la creatividad y la originalidad** a menudo florecen en entornos donde los recursos son limitados. En lugar de verlo como una limitación, puedes considerarlo como un desafío para encontrar soluciones creativas y económicas que reflejen tu estilo personal.

La idea de que lo caro es siempre sinónimo de buen gusto es un estereotipo que no siempre se cumple. El precio de un artículo a menudo se basa en factores como la marca, la exclusividad y la demanda, más que en su calidad o valor intrínseco. Muchas personas han demostrado que es posible vestirse con elegancia y decorar sus hogares con estilo sin gastar grandes sumas de dinero.

Además, con mucho dinero, todo lo que hagamos será mucho más fácil de criticar. Serán recurrentes los comentarios a tu alrededor del estilo "con el dinero que tiene y la birria de coche que se ha comprado" o "con el dinero que tiene y lo mal que viste". Si no eres bueno aceptando críticas, o te afectan más de lo necesario, lo pasarás mal.

Respecto a esto, es importante recordar que la opinión de los demás sobre tu gusto es subjetiva y no debe definir tu sentido de la autoestima. La belleza y el estilo son cuestiones personales, y lo que atrae a una persona puede no serlo para otra. Aprender a aceptar críticas constructivas y a ignorar los comentarios negativos o malintencionados es una habilidad valiosa.

"No tomes en serio un comentario negativo de alguien a quien pedirías consejo".

El buen gusto no se trata de cuánto dinero gastas, sino de cómo eliges expresarte a través de tus elecciones estilísticas. Ya sea que estés decorando tu hogar, vistiendo, o tomando decisiones sobre tu estilo de vida, lo más importante es que **te sientas cómodo y auténtico en tus elecciones.** La confianza en tu propio gusto es lo que te permitirá destacar y ser verdaderamente único, independientemente de tu presupuesto.

Si pudiera comprarme todo lo que me gusta

Sería inmensamente feliz.

La sociedad consumista en la que vivimos trata de convencernos que cuanto más gastemos y más compremos, más felices seremos. Es cierto que sentimos una sensación de felicidad tras adquirir aquello con lo que soñábamos, pero esto se debe a **la satisfacción**

del objetivo cumplido, fruto del esfuerzo que hemos tenido que realizar para conseguirlo. Cuando el comprar no ha requerido ningún esfuerzo por tu parte, la felicidad es muy efímera, quedando al poco tiempo una sensación de vacío, **cayendo en el error de creer que el valor de las cosas está en su precio.**

Esa sensación de vacío hace que cada vez quieras comprar más, más caro y más exclusivo, comparándote constantemente con lo que tienen los demás. Te darás cuenta que siempre habrá alguien con una casa más grande que la tuya, con coches más caros, y sobre todo mucho más dinero que tú, por lo que en esa comparación siempre saldrás perdiendo.

No es más feliz el que más tiene, sino el que menos necesita. Y recuerda que las mejores cosas de la vida, no son cosas.

Puede que tras leer estas reflexiones llegues a la siguiente conclusión; si el dinero no me va a servir para solucionar la mayoría de mis problemas ¿Para qué quiero que me toque la lotería entonces?

Porque el dinero da la auténtica LIBERTAD.

¿Cuánto tiempo de tu vida dedicas a actividades que no te aportan nada y sólo lo haces porque te pagan? ¿A cuántos jefes, clientes o compañeros de trabajo tienes que soportar solo por seguir conservando tu empleo? ¿Cuántas veces has odiado los lunes? ¿Cuántos kilómetros y atascos te comes todos los días? ¿Cuántas veces has sufrido de estrés y ansiedad por culpa del trabajo? ¿Cuántas colas has tenido que tragarte para que te atiendan en un banco, para comprar en rebajas o para ser atendido en la sanidad pública? ¿Cuántas veces has tenido la sensación de que no estás aprovechando plenamente tu vida y **lo urgente siempre le quita tiempo a lo importante?**

Aunque en apariencia la esclavitud se abolió hace mucho tiempo, la mayoría de nosotros **somos esclavos del dinero.** Nuestra dependencia del vil metal es absoluta. Todas las necesidades básicas que necesitamos en el día a día para poder vivir (comer, dormir bajo un techo, resguardarnos del frio o del calor, vestirnos, asearnos, desplazarnos, comprar medicamentos…) solo podemos conseguirlas a cambio de dinero.

El dinero es el sexto sentido que nos permite disfrutar de los otros cinco.

Para conseguir dinero tenemos varias opciones; vivir de la caridad de los demás y de las ayudas que da el estado, robarlo o ganarlo a cambio de nuestro trabajo. Ésta última opción suele ser la que elige la mayoría.

La palabra "**trabajar**", proviene del latín popular "tripalliare", que significa "atormentar y torturar con el tripallium", un instrumento de tortura romano compuesto por tres palos cruzados, donde se ataba a personas para castigarlas. Es decir que el trabajo se consideraba literalmente una herramienta de tortura.

A veces pasa que por muchas horas que trabajes, no aumenta tu cuenta corriente. Cuando conseguimos ganar más, cambiamos a un mayor nivel de vida y por tanto, al final estamos igual de asfixiados.

Es como el hámster que corre dentro de una rueda, que por muy rápido que lo haga, siempre se queda en el mismo sitio.

Pero a pesar de todo, son afortunados los que tienen un trabajo. En el momento que te quedas sin empleo las consecuencias pueden ser nefastas (embargos, desahucios, pobreza, hambre, etc.).

Puede ser que tengas la suerte de trabajar en algo que te guste y que además estés bien valorado económicamente. Considérate un auténtico privilegiado porque esa no suele ser la norma general entre la mayoría de los mortales.

Pero hay que trabajar, no tener la obligación de trabajar o **solo**

trabajar en algo con lo que te sientas realizado es un lujo que muy pocos se pueden permitir, un lujo que solo las personas con suficiente solvencia económica lo pueden realizar.

La verdadera riqueza es la que te brinda la libertad de vivir la vida que deseas y poder tener la capacidad de despertar cada mañana y poder decir; **hoy puedo hacer lo que me dé la gana.**

Es cierto que cuidar del capital puede ser ya un trabajo en sí y seguramente conocerás la vida de muchos multimillonarios, que a pesar de serlos, tienen una agenda muy estresante, pero a diferencia de ti, ellos siempre tendrán la opción de poder dejar su trabajo cuando quieran y vivir de las rentas, es decir, ellos tienen **la libertad de poder elegir.**

En resumen, es una cuestión de eficiencia; nuestro objetivo en la vida debería ser **sacar el máximo provecho a cada minuto que vivimos y con mucho dinero puedes comprar lo más valioso que existe en esta vida; EL TIEMPO DE CALIDAD** y si no, que se lo pregunten **a los millonarios.**

13. LOS MILLONARIOS

¿Qué es ser rico?

Lo que para ti, o para mí, puede ser un millonario, para otros son simplemente personas con un alto poder adquisitivo, eso sin entrar en conceptos filosóficos, donde puedes sentirte rico sin tener un céntimo en tu cuenta bancaria.

Si definimos millonario etimológicamente, diríamos que es aquella persona que posee una cantidad de riqueza en términos de dinero, propiedades y activos valorada en más de un millón de euros.

Yo clasifico los millonarios en cinco tipos, dependiendo de cómo han conseguido su fortuna:

- Aquellos ricos que **lo son de cuna**, fruto de una gran herencia, y que desde pequeños son educados para mantener o aumentar el patrimonio que han recibido. Ahí no tenemos nada que hacer, es la lotería del nacimiento y cada uno ha nacido en la familia que ha nacido.

- El que se hace rico por explotar un **don natural o una habilidad**. Hablo de deportistas de élite, cantantes, músicos, compositores, actores, presentadores, escritores, pintores, intelectuales, etc. Éstos son parecidos al grupo anterior, cada uno nace con las cualidades que nace y no puedes pretender hacerte rico siendo futbolista cuando no le metes un gol ni al arcoíris.

Es importante destacar que no todos los que tienen talento natural logran el éxito económico o el reconocimiento. El camino hacia la cima es competitivo y requiere resiliencia. Además, el éxito no es necesariamente duradero; puede ser efímero si no se gestiona adecuadamente.

También hay que ser consciente de que incluso los talentos naturales deben ser nutridos y desarrollados a lo largo del tiempo. Las cualidades innatas pueden abrir puertas, pero es la perseverancia, la dedicación constante, la humildad para aprender y crecer, la capacidad de enfrentar desafíos y fracasos con determinación, el compromiso con el oficio, y por supuesto el "factor suerte" lo que permite a las personas alcanzar su máximo potencial y mantener su éxito a lo largo del tiempo.

- Existe otro tipo que se hace rico por mantenerse **al margen de la ley**. Se dedican a matar, robar, estafar, defraudar impuestos, engañar, traficar con personas, armas, drogas y todo tipo de mercancías ilegales a cambio de suculentas cantidades de dinero. Por desgracia, abundan mucho últimamente y se camuflan fácilmente entre el resto de multimillonarios, comprando su honorabilidad a base de talonario. Incluso personas que en un principio hicieron su fortuna de forma honrada, por pura avaricia, tratan de evadir impuestos o inmiscuirse en negocios turbulentos, complicándose la vida, algo difícil de explicar, porque **cuando tienes buenas cartas no es necesario hacer trampas para ganar.**

Todas las personas que consideran que tienen principios éticos y morales (y no les hace mucha gracia la posibilidad de pisar la cárcel) desecha pertenecer a este grupo.

Es importante destacar que la riqueza acumulada de manera deshonesta y criminal rara vez conduce a una sensación de satisfacción y felicidad. La búsqueda implacable de ganancias a menudo va acompañada de estrés, paranoia y la constante amenaza de ser descubierto.

- Personas **parecidas a ti y a mí**, que desde cero, sin ser mucho más inteligentes que tú y que yo, han conseguido hacerse rico. Este último grupo es el que más me interesa y por eso lo analizaré más detenidamente. En este grupo hay empresarios, emprendedores, inversores, grandes profesionales, etc.

Una posible respuesta sería que lo han conseguido porque han tenido mucha suerte. Es cierto que en esta vida siempre hay que tener un poco de suerte para todo, pero detesto a los que afirman que el éxito de los demás es debido a la buena suerte y justifican sus fracasos con la mala suerte para evitar responsabilidades. Hay que ser mucho más autocrítico, porque sólo así podemos aprender de nuestros errores.

Todo no se puede reducir a la buena fortuna. Seguramente las personas que han tenido éxito **han hecho algo que los demás no han hecho** y por eso lo han conseguido.

Además, no basta con tener ese golpe de suerte, luego hay que tener las aptitudes suficientes para mantenerse ahí arriba. Para tener éxito en esta vida, es fundamental **ser la persona adecuada en el momento adecuado**. Quizás no podamos elegir el momento y dependa de la suerte, pero si está en nuestra mano prepararnos para ser siempre la persona adecuada.

La suerte existe, pero es aleatoria. Por tanto, hay que poner todos los medios para que esté de nuestra parte.

Muchas situaciones ocurren por **"Serendipia"**; ese proceso accidental e inesperado por el cual descubrimos algo que en realidad no estábamos buscando.

Un ejemplo clásico de Serendipia es la forma en la que Fleming descubrió la penicilina. Según cuentan fue de forma accidental por dejar sucio un material de laboratorio. De acuerdo que tuvo suerte en eso, pero sólo Fleming podía realizar dicho descubrimiento ya que era **el único que tenía los suficientes conocimientos** para detectarlo. Seguro que cuando tú has dejado los platos sucios en el fregadero varios días, no has descubierto nada relevante para la ciencia.

Es cierto que hay países como EE. UU que se dan muchos más casos de personas que han conseguido triunfar. Esto merecería un análisis mucho más extenso, pero algunos factores cómo las facilidades burocráticas a los emprendedores, la forma positiva que tienen de gestionar los fracasos, pero sobre todo la mentalidad de sus habitantes (según las encuestas, en EEUU el 80% de los estudiantes tienen pensado crear su propia empresa, en cambio en España la mayoría quiere prepararse unas oposiciones para ser funcionario...) dan alguna pista de porque sucede esto.

A pesar de todo lo expuesto, no creo en el "sueño americano".

No es cierto que la constancia y la dedicación te garanticen el éxito. Un delantero de fútbol, por mucho que se esfuerce, si no mete goles, ningún equipo lo querrá fichar.

Tampoco la fórmula talento+esfuerzo te garantiza nada. Esa afirmación es tremendamente injusta con aquellas personas que con talento y esfuerzo no han conseguido dicho reconocimiento.
Seguro que conoces muchos casos a tu alrededor de personas con talento que siempre han luchado por su sueño, y que lo han intentado una y otra vez, pero nunca han obtenido una recompensa acorde a ese esfuerzo.
También existen muchísimos ejemplos de escritores y artistas que obtuvieron el reconocimiento de forma póstuma y por tanto nunca pudieron disfrutar de las mieles del éxito.

¿Y por qué no se conocen estas historias? Porque el "fracaso" no vende:

No existen novelas biográficas ni películas sobre gente que con talento y esfuerzo nunca obtuvieron éxito.

La gente que consigue triunfar es una minoría, son las excepciones que confirman la regla. Por cada Bill Gates, Steve Jobs o Amancio Ortega, hay miles de personas, seguramente con más aptitudes que ellos, que se han quedado en el camino.

Es cierto que hay que tener ciertas cualidades innatas. Muchas son positivas, cómo un espíritu emprendedor, la determinación, la persistencia, la creatividad o la capacidad para asumir riesgos calculados, pero también cierta falta de escrúpulos para pisar a quien haga falta para conseguir sus objetivos.

Yo soy de los que cree que, si has nacido pobre, es muy difícil hacerse rico honradamente, usando la palabra "honrado" en su acepción legal, ética y moral más amplia.

No es porqué les tenga manía o envidia a los millonarios, sino porque el sistema te lo impide. Si un empresario ofrece un producto o servicio de calidad con un precio competitivo, respeta el medio ambiente, paga todos los impuestos de su país y además da unos salarios justos a sus trabajadores, con mucho esfuerzo y dedicación quizás consiga que prospere su negocio, pero será muy difícil que se vuelva multimillonario. Seguro que cualquier autónomo o pequeño empresario al que le preguntes, estará de acuerdo con esta afirmación.

Casi todas las grandes fortunas que conozco cojean por alguna parte: evasión de impuestos en paraísos fiscales, deslocalizaciones de sus fábricas para pagar sueldos tercermundistas, pésimas condiciones laborales, explotación abusiva de sus proveedores, productos con materiales de baja calidad, prácticas perjudiciales para el medio ambiente, monopolios, competencia desleal, etc...

Su filosofía se basa en que el fin siempre justifica los medios y ese fin siempre son los beneficios. Todo vale para aumentar los ceros de su cuenta bancaria o para poder seguir dando dividendos y tener al accionista contento.

Pero a pesar de que todos criticamos a los millonarios y tengamos una imagen muy negativa de ellos, (me viene automáticamente a mi cabeza la caricatura del señor gordo, avaro y codicioso, con traje y chistera fumando un gran puro) paradójicamente, a casi todas las personas le gustaría ser uno de ellos.

¿Pero entonces…? ¿Cómo podemos ser millonarios si no hemos nacido rico, no tenemos ningún talento especial, no queremos delinquir y no tenemos un espíritu demasiado emprendedor?

- Pues tendría que intervenir la suerte y mucho. Pues tendríamos que pertenecer al último grupo de millonarios; **aquellos a los que les ha tocado la lotería.**

Aquí es donde la idea de la lotería entra en juego, nunca mejor dicho. La lotería se presenta como una especie de "salvavidas financiero" para aquellos que no han nacido en cuna de oro ni tienen un don excepcional. La perspectiva de ganar una suma considerable de dinero simplemente por tener el número correcto puede ser tentadora, incluso para aquellos que critican abiertamente las grandes fortunas y a los millonarios.

Aunque la lotería representa una pequeña posibilidad en comparación con las estadísticas del mundo real, el simple acto de comprar un boleto nos brinda una dosis de esperanza que nos da la posibilidad de acceder a la riqueza que de otra manera parecería totalmente imposible.

Es como si la lotería nos ofreciera un atajo para unirnos a los millonarios, al menos por un breve momento en nuestra imaginación, porque cómo decía el spot publicitario, "La lotería es algo más que un juego".

14. LA LOTERÍA: IDIOSINCRASIA DE UN PAIS

Es fascinante cómo las percepciones culturales y sociales pueden influir en la forma en que se aborda el concepto de la riqueza y el juego de azar en diferentes partes del mundo. En los países latinos, tanto en América como en el Sur de Europa, la idea de alcanzar la riqueza a través de la lotería ha arraigado profundamente en la conciencia colectiva. La lotería se convierte en un pasatiempo popular y un sueño compartido, una vía potencial para escapar de las limitaciones económicas y alcanzar la prosperidad de manera instantánea. Esta perspectiva ha impulsado la tradición y el éxito duradero de los juegos de azar en estas regiones.

Por otro lado, los países nórdicos presentan un contraste sorprendente en su enfoque hacia la lotería. Aquí, la mentalidad se inclina hacia la creación de la riqueza a través del esfuerzo propio y los méritos individuales. La idea de depender del azar para alcanzar el éxito financiero se ve con recelo, ya que se asocia con una falta de ambición y habilidades para lograr los objetivos de manera independiente. Jugar a la lotería se percibe como un signo de desesperación o incapacidad para poder trazar un camino hacia la prosperidad a través del trabajo duro y la dedicación.

Esta disparidad cultural en las actitudes hacia la lotería refleja las creencias arraigadas en la sociedad acerca de cómo se debe alcanzar la riqueza y el éxito. En los países latinos, la lotería representa una oportunidad de cambio de vida, un sueño accesible que puede cambiar la suerte de alguien de la noche a la mañana. Por el contrario, en los países nórdicos, se valora la autonomía, la autodeterminación y el logro personal como los pilares de la riqueza.

Es importante destacar que estas perspectivas son **simplificaciones y generalizaciones**, y que en todas las culturas hay una variedad de opiniones y actitudes hacia la lotería. Sin embargo, esta dicotomía cultural nos muestra cómo las creencias profundamente arraigadas pueden moldear la forma en que las personas interpretan y participan en el juego de azar, así como su relación con la búsqueda de la riqueza.

Esta diversidad en las actitudes hacia el juego de azar también refleja cuestiones más profundas en la percepción de la suerte, el destino y el control personal sobre el éxito. Mientras que en las culturas que valoran la lotería, la suerte se considera una fuerza capaz de cambiar radicalmente la vida, en las culturas que desconfían del juego de azar, se tiende a enfatizar el papel del individuo en la creación de su destino.

La lotería de Navidad en España

Una mención aparte se merece la Lotería de Navidad en España. Es innegable que este evento anual se ha convertido en una tradición arraigada en la cultura española, en el que participa una inmensa mayoría de la población, incluso personas que habitualmente no juegan a ningún tipo de juego de azar durante el resto del año, si lo hacen a la lotería de navidad.

Más allá de su función de juego de azar, la Lotería de Navidad se ha convertido en un símbolo de la temporada festiva y un evento que reúne a familias, amigos y comunidades en torno a la esperanza y la ilusión de un premio inesperado.

La Lotería de Navidad en España tiene un impacto social y económico que trasciende el simple acto de comprar un boleto. La venta de boletos suele ser una fuente importante de financiamiento para organizaciones benéficas, clubes deportivos y otras causas sociales. Además, el sorteo en sí mismo es un espectáculo televisado que crea expectación y emoción en todo el país, con personas reuniéndose para escuchar los números ganadores y descubrir si la suerte les ha sonreído.

En un nivel más profundo, la Lotería de Navidad también refleja ciertos aspectos de la mentalidad española en torno a la fortuna y la comunidad. La tradición de comprar boletos en grupo del conocido como "Gordo de Navidad", es un ejemplo de cómo se valora el compartir y la solidaridad. Las familias, amigos y colegas a menudo forman peñas para comprar boletos juntos, lo que crea un sentido de camaradería y la posibilidad de celebrar juntos en caso de ganar. Desde el punto de vista psicológico, la Lotería de Navidad en España ofrece una interesante mezcla de esperanza, superstición y pragmatismo. La adquisición de boletos se acompaña a menudo de pequeños rituales, como frotar los boletos contra objetos que se consideran afortunados, lo que refleja la creencia en que ciertos objetos pueden influir en el resultado. Al mismo tiempo, la participación en el sorteo es una manifestación palpable de la idea de que, aunque el éxito financiero puede ser incierto, la Navidad trae consigo la oportunidad de un cambio positivo.

En definitiva, la Lotería de Navidad en España no solo es un evento de juego de azar, sino un fenómeno cultural que resalta la compleja relación entre la suerte, la comunidad y la identidad nacional. Su popularidad persistente demuestra cómo las tradiciones pueden influir en la mentalidad y el comportamiento de una sociedad, y cómo incluso un juego de azar puede llevar consigo significados y valores profundos que trascienden las simples cifras y números.

EPÍLOGO

Durante la crisis de 2008, cómo les sucedió a muchas empresas, la agencia de publicidad dónde yo trabajaba cómo creativo quebró y me quedé sin empleo. Soy una persona optimista y en todo momento mantuve una actitud positiva en la búsqueda de trabajo, pero cuanto más tiempo pasa sin encontrarlo, más difícil es que te contraten, entrando en un círculo con difícil salida que va minando tu moral y autoestima día tras día. Todas aquellas personas que han pasado un largo periodo en el paro de forma involuntaria, seguro que saben de lo que les hablo.

Como se suele decir, **la esperanza es un buen desayuno, pero una mala cena**.

Tras varios años sin encontrar trabajo, de repente me entraron unas terribles ganas de que me tocase la lotería, no sólo eso, que puede considerarse un deseo normal que tienen todas las personas, sino lo más grave era que **estaba absolutamente convencido de que ocurriría.**

No nadaba en la abundancia, pero tenía mis ahorros y mi desempleo, además de que en aquella época no tenía ni cargas familiares ni hipotecas que pagar, por tanto, no tenía un problema real de urgencia económica.

Subrayo que esas sensaciones afloraron en mi época sin empleo, porque antes de aquello había jugado a la lotería y no me había sentido de esa manera.

En mi primer día en la universidad, me acerqué a una papelería para comprar el material que necesitaba para empezar a estudiar, y vi que allí mismo también se podía jugar quinielas y loterías. Me animé y decidí jugar. Desde entonces he jugado mi primitiva con ilusión, con esperanza de que algún día me tocase, pero sin darle mayor relevancia.

A raíz de estar sin trabajo, seguía jugando una sola apuesta semanal, igual que siempre, por lo que no era un problema de ludopatía ni nada parecido, el problema era que mi actitud ante el juego había cambiado. Estaba tan seguro que me iba a tocar, que sentía una profunda decepción y tristeza cada vez que comprobaba que aquello que esperaba con tanta ansiedad, no se había producido.

Yo pensaba que esas ganas de que me tocase la lotería era una corazonada o un presentimiento fruto de una fuerte intuición. Tú puedes llamarlo desesperación o falta de valentía para asumir mi realidad.

Este pensamiento me creaba un conflicto interior, ya que soy una persona tremendamente práctica y realista, que suele tener siempre los pies en la tierra. En el fondo sabía que era absurdo depositar mis esperanzas en algo tan poco probable.

Analizándolo con la perspectiva del tiempo, pienso que fue un sistema de defensa mental que se activó de forma inconsciente ante la impotencia de no poder encontrar empleo. Era mejor dedicar mis pensamientos a bonitas ensoñaciones, que hundirme en actitudes negativas que podrían haber desembocado en una depresión.

Estos altibajos puedo resumirlos en un teorema de mi propia cosecha y que me sirve de baremo emocional:

"Las ganas que tengo de que me toque la lotería es inversamente proporcional a mi estado de ánimo"

es decir, que cuando me siento bien, ni me acuerdo de jugar a la lotería.

Y ya se sabe; **el que juega por necesidad, pierde por obligación,** y en aquella época no acertaba ni el reintegro.

Pero algo cambió cuando cayó en mis manos un best seller llamado *"El secreto"*. Su argumento giraba en torno al concepto de ley de atracción y la física cuántica. De forma resumida, según esta ley, todo aquello que imaginas como si fuese verdad, se termina haciendo realidad, tanto los pensamientos positivos como los negativos. Es cuestión de visualizar aquello que deseas y el universo te dará los medios para conseguirlo.

Aquella argumentación me parecía absurda y no me convencía en absoluto; si eso fuera cierto, habría miles de acertantes de lotería todas las semanas, nadie moriría de hambre en el mundo y el Cádiz Club de Fútbol habría ganado varias veces la Champions League. Pero disponía de mucho tiempo libre y tampoco perdía nada con intentarlo. En el fondo lo único que tenía que hacer era ser positivo y optimista en mis pensamientos, y eso nunca viene mal.

Seguí las instrucciones de "El secreto" y me visualicé como un flamante ganador de la lotería. Intenté que fuese lo más real posible. Me informé sobre que debía hacer para gestionar esa cantidad de dinero, cómo debía comportarme y que situaciones me encontraría. Traté de documentarme, busqué en Internet, vi algunas películas sobre el tema y leí algunos libros donde los protagonistas eran ganadores de lotería, pero sobre todo busqué los testimonios de gente que había vivido dicha situación. La verdad es que no había mucha información.

Todos hemos fantaseado alguna vez con lo que haríamos si nos tocase la lotería, pero cuando llega el momento de la verdad nos damos cuenta de que hay miles de cosas que no habíamos previsto y nos sentimos absolutamente perdidos y sobre todo extremadamente solos.

Seguramente habrá muchas cosas con las que no estés de acuerdo o harías todo lo contrario de lo que te aconsejo aquí. Incluso puede que a tu manera, consiguieras mejores resultados de los que yo expongo, pero como habrás deducido a estas alturas, mis intenciones al escribir este manual van más allá.

Con este "librito" he intentado que reflexiones sobre el tema de la suerte, el dinero, el éxito y la búsqueda de la felicidad, porque al final, cuando estás rellenando tu boleto, lo que estás buscando es un atajo hacia la felicidad, pero como te he intentado transmitir en este manual, **la felicidad no es un destino, sino el camino** (no, no me ha poseído Paulo Coello).

Permíteme que te dé un último consejo; **NO LO DEJES TODO EN MANOS DE LA SUERTE**, porque la suerte es el elemento más imparcial que existe. No distingue clases sociales, ni edad, ni raza, ni sexo. No sabe quién la necesita, ni quien se la merece. Desconoce lo que es justo o injusto.

DE LA MISMA FORMA QUE TE DA, TE QUITA.

A menudo, el éxito no proviene únicamente de la suerte, sino de la combinación de pensamientos positivos, acciones concretas y una comprensión sólida de lo que estamos buscando. La toma de decisiones informadas, la preparación, el aprendizaje, la planificación y el esfuerzo son factores igualmente importantes en el camino hacia el éxito.

LO PROMETIDO ES DEUDA

Al principio de la lectura te dije que te daría la respuesta sobre si me había tocado la lotería o no.

Según lo que has leído en este manual, las experiencias que te he contado, todos los consejos que te he recomendado y sobre todo lo que acabas de leer en el epílogo, habrás sacado ya tus propias conclusiones.

Ahora te pido que recuerdes el consejo más importante de este manual:

"Cuando te toque la lotería no se lo digas a nadie"... y claro,

¡a ti no te lo voy a contar!

Te deseo toda la suerte del mundo y que ojalá algún día puedas llevar a la práctica todos los consejos de este libro.

AGRADECIMIENTOS

Si este pequeño manual te ha parecido interesante, me ayudarías muchísimo dejando tu puntuación y un pequeño comentario en Amazon y Goodreads, de tal forma que otros lectores pudieran leer este "librito" gracias a tu opinión. Si además hablas positivamente en tus redes sociales sería para sacarte a hombros.

Una cosa más, supongo que el 99,99% de mis lectores no les ha tocado la lotería y han decidido leer este libro por curiosidad, ilusión y sobre todo para estar preparado cuando llegue el momento, pero quizás exista alguno que ha acudido a este manual porque le ha tocado la lotería y se encontraba muy perdido. En ese caso quisiera presentarme como uno de los MOSCARDONES EMPRENDEDORES a tu costa, y si te apetece ser socio capitalista e invertir en la difusión de este librito, puedes contactar conmigo a través de mi email ysitetocalaloteria@gmail.com. Igualmente, si no te ha tocado, pero quieres hacerme algún comentario o crítica (espero que constructiva), estaré encantado de que me escribas.

Si te ha gustado mi forma de escribir, te animo a que también leas mi primera novela "La semilla de Adán", no habla de lotería, pero puede que te haga pasar un rato divertido.

¡Espero que nos volvamos a encontrar pronto!

ACERCA DEL AUTOR

Elio Delgado Domínguez nació en Arcos de la frontera (Cádiz) el 20 de marzo de 1978. Comenzó Derecho, aunque finalmente se dedicó al mundo de la publicidad, trabajando como creativo y diseñador gráfico en diferentes agencias. Junto al libro que acabas de leer " ¿Y si te toca la lotería?" también ha escrito su primera novela "La semilla de Adán".

REFERENCIAS BIBLIOGRÁFICAS

http://www.lavanguardia.com/estilos-devida/20121221/54356484453/estas-preparado-psicologicamente-para-ganar-el-gordo.html

www.loteriasypuestas.es

http://www.elconfidencial.com/alma-corazon-vida/2013-11-26/hasta-que-el-gordo-os-separe-te-divorciarias-si-te-tocan-120-millones_58781/

http://eldiario.deljuego.com.ar/submenuanalisisdelsector/2428-14-ganadores-de-la-loteria-que-arruinaron-sus-vidas.html

https://maldita.es/malditobulo/bulos-y-mitos-sobre-la-loteria-de-navidad/

- Rescher, Nicholas. "La suerte". Ed. Andrés Bello.

- Bucay, Jorge. "El mito de la Diosa Fortuna". Ed. Integral.

- Wood, Patricia. "Lottery". Ed. Berkley Books.

- Delacourt , Gregoire . "La lista de mis deseos". Ed. Maeva

- Película: Ah! Si yo fuera rico. Dir. Gérard Bitton y Michel Munz. 2002.